배양숙의 Q

Bae Yangsook's Q

The Interviews with 17 People to Walk the Way
of Life Longer and More Beautifully

Interviewed by Bae Yangsook

Published by Hangilsa Publishing Co., Ltd., Korea, 2018

배양숙의 Q

인생의 길을 더 오래 더 아름답게 걷기 위한 17인과의 대화

박소연
구범준
백건우
김승호
김영애
이진선
신애라
풀김
패트릭
슈마허
김한기
백희성
정재승
장사익
신은경
양정숙
차인표
박태환

한길사

인생(人生)의 베이스캠프

책을 내면서

이 책은 2017년 4월 말경 찾은 '가난하지만 국민들이 행복한 나라' 부탄에서 겪은 일화에서 시작한다. 내게 우연처럼 찾아와 운명 같은 '계기'를 남긴 그날의 일을 짧게 옮긴다.

우연이었을까?

'폼제카밸리'에서 예정했던 5일간의 일정이 둘째 날 내린 폭우로 변경되었다. 내리치는 번개 때문에 정전이 되자 칠흑 같은 어둠이 일행을 덮쳤다. '파로'로의 이동을 급히 결정하고 날이 밝자 서둘러 길을 떠났다. 한참 후 도착한 곳은 해발 2,900미터 높이에 있는 '베이스캠프'라는 이름의 작은 호텔이었다. 베이스캠프. 지금 생각해보면 내 삶의 중요한 변화를 암시하는 이름이 아니었을까 싶다.

그곳에서 매일 아침 두 시간씩 산책하며 나는 천천히 내 삶을 되돌아보았다. 크고 작은, 높고 낮은 인생의 산을 오르내리던 모습이 파노라마처럼 스쳐 지나갔다. 언제부터였을까. 나는 조금씩 숨이 가빠짐을 느끼고 있었다. 버거워 내려놓고 싶었다.

무엇보다 행복하지 않았다. 행복하지 않은 내가 어찌 주변을 행복하게 할 수 있으랴!

히말라야산맥의 여러 봉우리, 다양한 표정의 하늘 아래 묵묵히 자리를 지키고 있던 그 모습을 보며, 웅장함에 감동하는 대신 '산소부족'을 떠올렸다. 알 수 없는 조급함과 불안감이 나를 힘들게 했다.

그렇게 결심하게 되었다. "그래! 하산하자. 내 삶의 베이스캠프로! 천천히 깊게 호흡하며 재정비하자. 그리고 새로 출발해서 작은 행복이라도 찾아보자. 다시 맑고 밝아져 주변의 한두 사람에게라도 선한 기운이 전해지면 좋은 것 아닌가?"

산속의 베이스캠프를 떠나는 날 아침, 해발 7,315미터의 조몰하리산(Mountain Jomolhari)이 마치 깜짝선물처럼 처음으로 정상을 보여주었다. 설산이 전해준 정기(精氣)를 소중히 품어 내 삶의 베이스캠프로 하산하는 에너지로 쓰리라.

신기한 일은 내려놓기로 결심한 후부터 마음이 편해지기 시작했다는 것이다. 이것이 '비움의 지혜'임을 경험했다. 그렇게 비워진 내 심신을 신들이 사는 곳 히말라야산맥의 청청함으로 천천히 채웠다. 어떤 것도 요구하지 않고 탓하지 않는 대자연의 품속에서 잔잔하지만 굳센 에너지를 얻었다.

히말라야산맥만큼이나 나를 선한 기운으로 채워준 사람들이 있다. 일정을 함께해준 통역 리첸(Rinchen), 가이드 예시레토(Yeshiletho), 운전사 도르지(Dorji)가 그들이다. 리첸은 부탄의 국가장학생으로 5년간 한국에서 공부한 인재다. 아이비리그로 가서 공부를 계속하라던 교수님의 제안을 뿌리치고 부탄으로 돌아와 1년간 가이드와 통역으로 돈을 벌어 홀몸이신 어머니를 도와드리는 효자이기도 하다. 또한 JTBC 예능프로그램「비정상회담」에서 너무 적은 출연료로 그를 섭외하려 하자 당당하게 본인의 의사를 전했다는 당찬 청년이다. 그러면서도 앞으로 인도철학을 공부하겠다는, 미래가 궁금해지는 인재다.

예시레토는 열 살 어린 아내와 두 딸을 둔, 딸이 의사가 될 수 있도록 열심히 뒷바라지하겠다는 멋진 가장이다. 가족 얘기만 나오면 꽃처럼 피넌 그의 미소가 그립다. 란카는 아내가 서구적으로 생겼다며 아내 자랑에 여념 없는 팔불출이다. 미스터 부탄이 되겠다며 시간이 날 때마다 연신 아령을 들던 그가 꼭 꿈을 이루길 바란다.

그들의 모습에서 진정한 사랑의 의미를 깨달았다. 헤어지기 전 리첸, 예시레토 그리고 란카가 갱지로 서툴게 포장한 작은 선물 몇 개를 쑥스럽게 내밀던 순간을 잊지 못할 것이다. 그들의 소박하지만 따뜻한 마음은 나에게 큰 선물이었다.

이번 책의 주제는 그렇게 정해졌다. 해발 2,900미터 산속의 작은 호텔 베이스캠프 주변 산자락을 걷고 명상하며, 히말라야산맥과 하늘을 품으며, 눈매가 선하고 마음이 따뜻한 소박한 사람들을 만나며 정해졌다. 언젠가 다시 책을 쓴다면 제목과 주제는 이것이리라.

'배양숙의 사람이야기'.

배양숙의 Q

새로운 길목, 새로운 만남

부탄에서 귀국 후 한 달이 지난 6월의 어느 날, 한 통의 전화를 받았다. 내가 기획하고 운영하는 사회공헌 인문학프로그램인 '수요포럼인문의숲'의 학생이었던 『중앙일보』 박상주 기자였다 수업 중에도 수료 후에도 거의 소통이 없었던 학생이었기에 의아한 마음으로 수화기를 들었다.

박상주 기자는 새로운 기획 때문에 나를 찾았다. '더, 오래'라는 제목의 기획으로, 외부필진들이 각자의 전문분야에서 '100세 시대'에 필요한 정보를 발굴해 기고한다는 내용이었다. 나에게는 내 전문분야인 '재무설계'에 관한 글을 요청했다. 순간 머릿속에서 빠르게 여러 생각이 스쳤다. 의미 있는 기획이라고 생각했고, 새로 시작하는 콘텐츠라면 독자들에게 '큰 그림'을 함께 제시하는 게 좋겠다고 생각했다. 연장선에서 몇 가지 제안을 했다. 재무분야는 해당 분야 전문가라면 누구라도 쓸 수 있으니, 나는 내가 할 수 있는 다른 역할, 즉 100세 시대에 잘 사는 것을 주제로 큰 그림을 그리는 역할을 맡겠다고 제안했다.

내가 섭외할 수 있는 각계각층의 인사를 만나 인터뷰이들의 잘 살아온 삶을 집중적으로 조명하고, '100세 시대를 어떻게 잘 살 수 있을지'에 대해 공통으로 질문한 후 답변을 듣는다면 독자들에게 유의미한 기사가 되리라 생각한 것이다.

해서 기사의 제목도 「배양숙의 Q」라고 바로 이름 붙이고 백희성 건축가의 도움으로 큐시트까지 만들었다. 이후 일도 일사천리로 진행되었다. 『중앙일보』 전략콘텐츠팀장인 정경민 부국장과 만나 나의 기획을 전달하고 바로 이어서 남윤호 전(前) 편집국장과도 짧은 회의를 했다. 그렇게 「배양숙의 Q」가 시작되었다. 다시 '집중'할 일이 생긴 것이다.

무엇보다 좋은 질문을 던지기 위해 애썼다. 한 사람의 인생을 끄집어내는 것이니 당연한 일이었다. 기자의 신분이 아니기에, 또 인터뷰이로서 얻은 여러 경험과 오랜 기간 독자로서 품은 생각을 잘 녹여내면 참신한 시각의 질문을 던질 수 있다고 생각했다.

피아니스트 백건우 선생님께 먼저 연락드렸다. 내가 기획하고 연, 또 연사로 출연까지 한 '서울인문포럼'의 예술분야 연사로 초청하기 위해 1년간 접촉해왔기 때문에 섭외에 큰 어려움은 없었다. 선생님의 멋지게 살아온 삶이 '더, 오래'의 주제를 잘 드러낼 것으로 생각했다. 무엇보다 시의적절했는데, 마침 베토벤 소나타 전곡을 10년 만에 다시 연주하는 여정을 앞두고 계셨기 때문이다. 선생님의 연주만큼이나 인터뷰도 독자들에게 큰 울림을 줄 것으로 믿었다. 좋은 인터뷰를 하기 위해

보름간 매일 새벽 두 시간씩 베토벤 소나타를 들으며 질문을 준비했다. 정성을 쏟으면 좋은 결과가 나오는 것이 당연하지 않은가.

　다음으로 놈 촘스키(Noam Chomsky) 교수님을 만나기 위해 뉴욕에 갔다. 촘스키 교수님과는 서울인문포럼의 연사로 초청하기 위해 2014년부터 메일을 주고받고 있었는데 마침 8월 8일 만나는 것으로 약속이 잡혔다. 서울인문포럼 초청 건을 논의하고 인터뷰하는 일 외에도 중요한 일이 있었다. 촘스키 교수님께 세월호 참사 유족인 '유민이 아빠' 김영오 님의 편지를 전하는 일이었다. 세월호 참사 당시 촘스키 교수님께서 김영오 님께 위로와 격려의 메시지를 담은 편지를 보냈는데, 3년이 지나 세월호가 인양된 후 답장을 쓴 것이다. 중요한 일을 앞두고 있으니 마음이 분주해졌다.

　사실 보스턴 등지에서도 개인적인 여러 미팅과 약속이 있었기 때문에 굉장히 바쁘게 움직여야 했다. 로스앤젤레스 근처의 어바인(Irvine)에 머물고 있는 배우 신애라 님과도 인터뷰하기로 되어 있었다. 여기까지만 해도 굉장히 바쁜 일정이었지만, 약속을 하나 더 만들고 말았다. 당시 나는 '글로벌인재포럼'의 연사로 초청받았는데 뉴욕행 기내에서 짬을 내 비로소 관련 인쇄물을 읽을 수 있었다. 거기에는 여러 연사가 소개되어 있었는데, 특히 스탠퍼드대학교 폴김 부학장님이 눈에 띄었다. JFK공항 착륙 후 곧바로 인터뷰 섭외를 진행했다. 교육자로서 펼치는 폴김 부학장님의 활동이 너무나 훌륭했기에 그럴 수밖에 없었다. 내 열정이 전달되었는지 가나에서 귀국하시자마자 여독도 풀지 못한 채로 갑작스러운 인터뷰 요청에 응해 주셨다. 지금 생각해도 참 고마운 일이다.

미국에 가기 얼마 전 강서구 특수학교 설립을 둘러싼 갈등이 격화되었다. 이를 보며 매우 답답한 마음이 들어 '로봇 다리'로 불리는 수영선수 김세진 군의 어머니 양정숙 님께 연락했다. 사회구성원으로 당차게 잘 살고 있는 장애인과 그 가족의 이야기를 소개해 우리 사회의 장애인 인식이 달라지기를 바랐다. 양정숙 님도 취지에 공감해 미국에서 귀국한 후 곧바로 인터뷰를 진행할 수 있었다. 다만 소리꾼 장사익 님의 인터뷰가 먼저 나가야 해서 잠시 출고를 미루게 되었는데, 이게 '전화위복'이 되었다. 가수 김광석 님의 전 부인인 서해순 님과 그가 키웠던 장애가 있는 딸의 이야기가 사회적으로 큰 파장을 몰고 와 김세진 군과 양정숙 님의 기사는 조회수 19만 뷰를 기록할 정도로 독자들의 뜨거운 반응을 얻었다. 수많은 댓글을 읽으며 감동과 보람을 느낄 수 있었다. 「배양숙의 Q」를 처음 기획할 때 기대한 것, 즉 독자들이 인터뷰이의 삶에 공감하고 새로운 희망과 용기를 얻는 것, 그들이 사회에 의미 있는 변화를 일으키는 것, 무엇보다 '100세 시대, 잘 사는 것이 무엇인가'라는 화두를 늘 마음에 품는 것이 실현되는 순간이었다.

물론 마음 졸이는 일도 많았다. 촘스키 교수님과 인터뷰하지 못한 게 가장 아쉽다. 촘스키 교수님께서 매우 급한 일정이 생기셨다며 약속한 날에서 일주일 뒤에 만날 수 있겠느냐고 물으셨다. 아쉽게도 그때는 이미 신애라 님과 폴김 부학장님과의 인터뷰가 약속되어 있어 촘스키 교수님과는 대면 인터뷰 대신 서면 인터뷰를 진행하고자 했다. 하지만 촘스키 교수님께서 다급한 사정이 생겨 그마저도 어렵겠다며 매우 미안하다는 메일을 보내왔다. 그 다급한 사정이 무엇이었는지는 한 달 후에 알게 되었다. MIT에서의 62년을 마무리하시고 애리조나대학교로 옮기시는 중대한 결정을 내리셨던 것이다. 그제야 촘스키 교수님이 약속을 미룬 이유를 알 수 있었다. 마음고생이 컸던 만큼 다음 기회에 애리조나대학교에서 뵙게 된다면 좋은 인터뷰를 하기로 마음먹었다.

촘스키 교수님과의 인터뷰가 무산돼 출국 전 인터뷰한 프랑스 외인부대 출신의 보이스 코치이자 배우 이진선 님의 기사를 내보내기로 했다. 갑작스러운 일이었기에 뉴욕에 있는 딸아이의 좁은 숙소에서 새벽녘까지 기사를 고치고 또 고치던 기억이 난다. 크게 고생했지만 이 기사 역시 조회수 9만 뷰를 기록할 정도로 독자들에게 사랑받았다. '변수'가 낳은 반전이었다.

비행기 연착도 날 아찔하게 했다. 신애라 님과 폴김 부학장님을 인터뷰하기 위해 뉴욕에서 어바인으로, 어바인에서 샌프란시스코로, 샌프란시스코에서 다시 뉴욕으로 돌아오는 복잡한 여정을 계획했다. 마지막 뉴욕으로 돌아올 때는 LA공항에서 비행기를 타기로 했는데, 하필 샌프란시스코에서 비행기 이륙이 늦어져 LA공항에 늦게 도착했다. 당연히 뉴욕행 비행기를 놓치고 말았다. 이 와중에 터미널과 터미널 사이를 정신없이 뛰어다니다가 구입한 지 채 한 달도 안 된 휴대전화를 잃어버리고 말았다. 모든 연락처와 자료가 사라져버린 것이다. 뉴욕으로 돌아와 바로 기차를 타고 월든 호수로 이동해 '헨리 데이비드 소로 탄생 100주년' 행사에서 관계자를 인터뷰하려한 계획도 무산되고 말았다. 딸아이와도 연락할 수 없어 숙소 앞길에서 몇 시간을 애태우며 발만 동동 굴렀던 기억이 생생하다.

수영선수 박태환 님 인터뷰를 출고한 후에는 전산오류라고 하기엔 이상한 상황이 생기기도 했다. 세상에 없던 새로운 콘텐츠가 자리매김하기까지 겪어야 하는 부침들이었지만, 점점 스트레스가 쌓여갔다. 시의적절하게 좋은 인터뷰를 섭외하고 의미 있는 질문을 준비하고 기사의 완성도를 높여 독자에게 전달하는 일은 힘들더라도 즐거웠다. 당연히 감내해야 할 수고였고 때로는 '러너스 하이'(runner's high)까지 느낄 수 있었다.

날 힘들게 한 건 '견제'로 여겨지는 알 수 없는 상황들이 반복된다는 점이었다. 한번은 해외 학자를 인터뷰하기 위해 찾은 어느 포럼에서 행사 관계자가 나에게 이런 말을 전했다. '내부'에서 "그 사람은 기자가 아니니 인터뷰하지 못하도록 현장에서 막으세요"라고 했다는 것이다. 비록 외부필진이지만 독자들에게 좋은 인터뷰를 전하기 위해 최선을 다한 내게 '멈춤'을 생각하게 한 순간이었다. 처음으로 열정이 식는 느낌을 받았다. 하지만 지금 와서 되돌아보면 그때의 일이 말을 전달하며 생긴 오해였을 수도 있다고 생각된다.

결국 여러 가지 사정으로 「배양숙의 Q」를 4개월 만에 마무리하게 되었다. 당시 나에겐 그 '사정'들을 뛰어넘을 의욕이 없었다. 예전의 나라면 기어이 극복했을 테지만, 부탄 여행을 통해 이미 '하산'의 가치를 알고 있는 나였다. 때로는 초심으로 돌아가 매주 최선을 다한 나에게 박수를 보내는 일도 중요했다.

사비까지 쓰며 이런 고생을 감내하고 「배양숙의 Q」를 이어간 이유는 무엇일까? 수요포럼인문의숲과 서울인문포럼을 6년간 운영한 이유와 같다. 한 사람의 선한 의지와 실천이 많은 사람에게 새로운 동기가 되면 좋겠다는 생각. 단 한 사람의 삶에라도 좋은 방향등이 되어주면 좋겠다는 기대. 독자들에게 위로와 감동을 주고, 새로운 결심을 품게 하며, 그것을 실천할 수 있도록 마음의 근력을 키워주면 좋겠다는 각오. 마지막으로 '100세 시대, 잘 사는 것이 무엇인가'에 대한 답을 줄 수 있기를 바랐다.

「배양숙의 Q」는 그 역할을 충분히 했다. 봄, 여름, 가을, 세 계절 동안 매주 전쟁처럼 완성한 기사들은 누적 조회수 62만 뷰 이상을 기록했고, 독자들이 정성껏 달아준 수많은 댓글에서는 깊은 감동을 느낄 수 있었다. 나의 치열했던 노력과 수고는 독자들이 이미 보상해주었다.

크리스마스캐럴이 울려 퍼지던 12월의 어느 날, '더, 오래'가 전체 언론사를 통틀어 기획기사 부문 1등을 차지했다는 기쁜 소식을 들었다. 이정민 편집국장은 「배양숙의 Q」가 1등 공신이었다며 감사의 메시지를 보내주었다. 이렇게 좋은 결과를 낼 수 있도록 도와주신 인터뷰이 님들께 깊은 감사를 전한다. 그분들이 본인의 삶을 진솔하게 말씀해주신 덕분에 돈과 성공, 명예만이 잘 사는 인생의 전부가 아님을 전할 수 있었다. 독자들에게 유의미했으리라 생각한다.

여러 댓글이 기억에 남는다. "(이른 아침 아르바이트를 하러 가며) 전철에서 「배양숙의 Q」를 읽고 용기를 얻었습니다" "진짜 너무 벅차오르는 기사네요. 대단하십니다. 아버지의 교육철학도 대단하고 그런 분 밑에서 자란 여사님(양정숙 님)도 강철 같은 분이시네요. 이런 분이 있다는 것에 큰 희망을 얻고 갑니다" "자신의 열정과 깊은 사유로 얻은 통찰로 더 나은 사회를 만들고 싶다는 정재승 박사님, 한마디 한마디가 더없이 따뜻하네요. 이미 세상을 아름답게 만들고 있는 소중한 분이십니다" 등 댓글에서 그들의 애정 어린 관심을 느꼈다.

역경 속에서도 묵묵히 나아가면 결국 좋은 결과를 얻게 됨을 「배양숙의 Q」를 통해서 또 한 번 경험했다. 이 소중한 기사들이 책으로 나온다니 이 역시 좋은 일이다. 이 책 또한 사람들에게 용기와 위로를 주고 인생의 나침반이 되어주길 기원한다.

새로운 콘텐츠에 동참해달라고 연락해준 박상주 기자에게 박수와 응원을 보낸다. 10분간의 짧은 회의에서 내 기획을 듣고 바로 동의해주신 남윤호 전 편집국장님이 아니었다면 「배양숙의 Q」는 세상에 없었을 것이다. 고개 숙여 감사드린다. 출고 전 마무리 단계에서 애쓰신 정경민 부국장님, 지면을 배정해주신 박승희 국장님, 또 전략콘텐츠팀의 서지명 기자, 한예슬 기자의 수고에도 감사를 전한다. 매주 기사를 고치고 또 고치는 나를 묵묵히 기다려주고 정리를 도와준 장하니 인턴기자의 수고는 오래 기억할 것이다. 사진데스크 최정동 기자님, 신인섭 기자님, 오종택 기자님, 장진영 기자님, 프리랜서 사진작가 조현지 님, 권형진 님의 멋진 사진으로 기사의 완성도가 높아졌음은 틀림없는 사실이다.

약속도 하지 않았는데 LA공항에서 어바인까지 이동을 도와준 YEF 멤버 조성우 대표, 스탠퍼드대학교에서 역시 예고 없이 나타나 폴김 부학장님 인터뷰에 함께 동행해준 YEF 멤버

정예솔 대표의 도움은 지금까지 나를 미소 짓게 한다. 매주 메일로 인터뷰를 읽은 소감을 전해주시고 더불어 오탈자까지 첨삭해주신 양재찬 박사님께도 깊이 감사드린다.

무엇보다 첫 독자였던 수요포럼인문의숲 및 서울인문포럼을 함께한 분들, 서울대학교 AFP 10기 원우들, 친구들, 삼성생명 고객님들과 동료들, 새로운 영감을 주었던 부탄 여행에서 만난 소박하고 따뜻했던 사람들을 오래 기억할 것이다. 부탄 여행을 준비할 때 여러 정보를 주고 도와줄 분들을 소개해준 함종훈 님의 수고도 기억에 남는다.

누적 조회수 62만 뷰 이상을 기록할 만큼 뜨거운 관심과 사랑을 보내준 독자분들께 크게 감사드린다. 「배양숙의 Q」를 책으로 만들어주신 한길사 관계자분들의 수고에도 감사의 뜻을 전한다. 편집부 김광연 과장님의 세세한 관심 덕분에 책이 잘 마무리되었다.

마지막으로 뉴욕 일정을 함께해준 내 소중한 보물들! 최정안, 최원석에게 깊은 사랑을 전한다.

2017년 늦봄, 오랜 시간 누적된 피로 때문인지 모든 것을 멈추고 싶어 도망치듯 떠나 도착했던 부탄에서 탁할 때로 탁해진 심신(心身)을 말갛게 닦았다. 히말라야산맥에서의 아침산책과 명상은 내게 하산할 용기와 다시 시작할 기운을 주었다. 그 청정(淸淨)했던 2,900미터 고지의 정기가 「배양숙의 Q」에

스며들었음은 틀림없는 사실이다.

'세 번째 책을 쓴다면 배양숙의 사람이야기를 쓸 것이다'라고 부탄에서 귀국 직전 막연히 생각했었다. 그 후 1년이 지나고 새봄의 시작 앞에 「배양숙의 Q」로 만난 사람들의 이야기가 책으로 탄생했다. 신기하지 않은가. 삶은 종종 전혀 예상하지 못하는 길목에서 뜻밖의 선물을 건네는 듯싶다.

이 책을 통해 나와 독자의 삶이 또 다른 길목으로 연결되길 기원한다. 환하게.

2018년 3월
새봄, 북촌에서
배양숙

배양숙의 Q

뮤지컬 「투란도트」의 투란도트 공주는 분노와 복수심으로 가득한 인물이지만 결국 진정한 자아와 사랑을 찾아 나간다. 뮤지컬 배우 박소연이 「투란도트」를 만난 건 어쩌면 운명이다. 그녀는 「투란도트」를 통해 공주전문 배우라는 꼬리표를 떼어 내고 진정한 '배우'로 성장했다. 뮤지컬 「로미오와 줄리엣」의 줄리엣이 투란도트로 분한 뒤 깊고 단단해진 것이다.

투란도트의 깊은 매력

박소연
배우

「투란도트」는 공주 투란도트가 진정한 사랑의 의미를 깨달아가는 과정을 그린 작품입니다. 마냥 아름답다기보다는 때때로 슬프기도 한 이야기죠. 이 이야기의 주인공 투란도트는 그래서 단단하고 속 깊은 현숙한 여인입니다. 「투란도트」에서 투란도트 역을 맡은 박소연 님처럼 말입니다. 투란도트 역에 푹 빠진 그와의 인터뷰는 마치 무대 위에서 서로의 목소리 위에 아름다운 화성을 쌓아가며 듀엣(duet)을 부르는 듯한 경험이었습니다. 「투란도트」를 통해 사랑의 다양한 모습을 알게 되었다는 박소연 님의 노래가 여전히 귓가에 울리는 듯합니다.

뮤지컬 배우 박소연은 서울대학교 성악과를 나와
독일 만하임 국립음악대학교 대학원 성악과에서 석사학위를 받았다.
이후 국내에서 뮤지컬 배우로 활동하고 있다.

2011년 초연부터 투란도트와 함께하고 있어요. 지금까지의 투란도트는 남자들을 향한 증오심으로 가득한 인물이었어요. 하지만 이번 시즌에서는 죽은 어머니에 대한 그리움과 아픔을 더 많이 품고 가는 투란도트를 연기하고 싶어요. 장치적인 요소가 크게 달라진 것은 없지만 어떻게든 인물이 공감을 얻을 수 있도록 연구하는 것이 배우들의 가장 큰 숙제인 것 같아요. 연기는 끝이 없는 나와의 싸움이에요.

뮤지컬은 드라마나 영화처럼 베스트 컷만 기록하는 것이 아닌 매순간 살아 있는 '현장'이에요. 매번 느낌이 다르죠. 같은 장면이라도 어떤 날은 감동으로 다가오지만, 또 다른 날엔 차가움이 느껴지기도 하죠. 무엇보다 공연 횟수를 더할수록 감정이 깊어져요. 매번 다른 감정의 결을 느낄 수 있는 게 뮤지컬의 매력인 것 같아요. 관객들 역시 그런 매력 때문에 뮤지컬을 좋아하시는 게 아닐까요.

많은 사람이 뮤지컬 「투란도트」가 오페라 「투란도트」를 변형해 만들었다고 생각하는데 오해예요. 오페라와 뮤지컬 각각 희곡 「투란도트」에서 비롯됐어요. 푸치니가 작곡한 오페라 「투란도트」와 달리 뮤지컬 「투란도트」는 한국에서 만든 뮤지컬이에요. 모든 스태프와 배우가 한국인들로 구성된 창작 뮤지컬 작품이죠. 그 때문에 음악, 연출, 스토리 진행, 무대장치 등 모든 부분에서 오페라 「투란도트」와 달라요. 또 오페라가 아닌 뮤지컬이어서 볼거리가 더욱 풍부하고, 극의 진행도 역동적이죠.

뮤지컬 「투란도트」의 줄거리를 소개해주세요.

바다 속 신비의 왕국 오카케오마레라는 나라의 공주였던 로링은 왕국을 침략한 이방국 나라의 왕자에게 유린당해 투란도트를 낳고 죽게 돼요. 이를 알게 된 투란도트는 남자들에게 잔인한 복수극을 펼칩니다. 자신의 아름다운 모습에 취해 청혼하러 찾아오는 남자들에게 세 가지 수수께끼를 내고, 이를 못 맞추는 사람은 잔인하게 처형해버리죠. 그러던 중 1,000번째로 찾아온 칼라프라는 왕자와 그의 시녀 류를 만나게 되고, 이들과 수수께끼를 풀어가는 과정에서 진정한 사랑의 의미를 깨닫게 됩니다.

공주전문 배우라는 수식어도 있던데, 투란도트라는 강한 캐릭터를 연기하는 데 어려움은 없었나요.

제가 처음 투란도트 역할을 맡은 때가 2011년인데 그 전

28

까지 맡았던 역할들은 '줄리엣'으로 대표되는 여리고 여성스러운 캐릭터들이었어요. 「투란도트」는 새로운 캐릭터를 통한 연기 변신을 고민할 때 찾아온 작품으로 처음 「투란도트」 대본을 받았을 때는 정말 굉장히 두려웠었죠. 투란도트는 세상과 남자에 대한 마음이 극도로 악하게 차올라 있는 캐릭터에요. 인격이 어긋난 캐릭터이기 때문에 어떻게 소화해낼 수 있을 것인지에 대해서 부담이 있었던 것이 사실이에요. 계속 연습하면서 저도 모르게 제 삶에 있었던 여러 가지 경험을 통해서 투란도트의 인격이 단순한 '악'이 아니라는 것을 느낄 수 있었어요. 악한 마음을 품게 된 원인을 생각하니 연민이 들게 됐죠.

투란도트는 1,000명의 남자가 목숨을 걸고 수수께끼에 도전할 만큼 절세미인으로 표현되는데 이에 대한 부담은 없었나요.

대중이 투란도트를 보면서 실망하지 않게 하는 것이 이 역할을 맡는 배우의 의무이자 숙명이라고 생각해요. 그래서 「투란도트」 시즌이 다가오면 다이어트에 돌입하고 몸매와 피부 관리에 신경을 쓰죠. (웃음)

「투란도트」의 음악감독님이 이 뮤지컬의 곡들을 '아무나 쉽게 부를 수 없게 작곡했다'라고 언급한 걸 본 적이 있어요. 실제로 어떤가요.

극의 시작부터 3분의 2 지점까지는 강하고 카리스마 있는 창법으로 극을 이끌어갑니다. 극의 후반부에서는 투란도트의 저주가 풀리는데요, 이때의 감정 변화를 창법을 바꿈으로써 표현해야 해요. 그 때문에 연기적으로도 많은 고민과 노력이 필요하죠. 장소영 음악감독님이 곡을 부르기 매우 어렵게 쓰기로 유명하지만 「투란도트」 팬분들이 이 뮤지컬에서 '음악'을 최고로 꼽는 만큼 기대하셔도 좋아요.

특별히 주목해서 들어볼 만한 넘버가 있나요.

악녀가 된 투란도트의 내면적 갈등과 그녀의 고통을 노래하는 곡으로, 강한 카리스마를 지닌 투란도트의 이면을 보여주는 「마음이란 무엇인지」를 들으면서 그의 마음을 함께 느껴보셨으면 좋겠어요. 또 오페라 「투란도트」의 「네순 도르마」 (Nessum Dorma), 즉 「공주는 잠 못 이루고」라는 곡을 「부를 수 없는 나의 이름」이라는 곡으로 표현했는데요. 두 곡을 비교하면서 들으면 오페라와 뮤지컬의 표현방식이 어떻게 다른지 세세하게 느끼실 수 있을 거예요.

중국에도 진출했다고 들었어요.

뮤지컬 「투란도트」는 처음 만들 때부터 중국을 타깃으로 했어요. 2012년 중국 동관시 오페라하우스 공연을 시작으로 항저우, 상하이를 거쳐 작년에는 하얼빈 대극장에서 개관 공연을 하고 돌아왔어요. 중국에서 매우 좋은 반응을 얻었죠.

중국의 뮤지컬 문화는 어떤가요.

　　아주 큰 대도시를 제외하면 아직 중국은 뮤지컬 문화에
익숙한 상황은 아니에요. 그래서 공연장에서 음료수를 마시거
나 음식을 먹는 등 한국과는 관람 문화가 다소 다르죠. 뮤지컬
공연을 하기 위한 인프라에 한국보다 투자를 많이 하고 있는
상황이라서 앞으로 뮤지컬 시장이 빠르게 발전할 것으로 기대
됩니다.

성악을 전공했는데 어떤 계기로 뮤지컬 배우가 되었나요.

　　독일에서 유학을 마치고 한국으로 돌아올 때쯤 한국의 클
래식 음악계는 일종의 포화상태로 규모가 축소되고 있었어요.
저는 무대에 빨리 서고 싶었죠. 어떻게 하면 빨리 무대에 설 수
있을까 고민하다가 뮤지컬 배우에 도전하게 됐어요. 사실 성
악을 전공한 사람이 뮤지컬 배우로 데뷔하기 위해서는 창법을
바꿔야 하기 때문에 처음부터 새로 시작해야 한다고 해도 과
언이 아니에요. 큰 용기가 필요한 일이었죠.

진입장벽이 높았을 것 같아요.

　　초기에는 알게 모르게 텃새랄까, 보이지 않는 장벽들이 존
재하더라고요. 서울대학교 성악과 출신, 독일 유학파라는 명함
은 허울만 좋을 굴레일 뿐이었죠. 미운 오리새끼라고 할까요.
무명 배우로서 밑바닥부터 치열하게 올라갔어요. 그런데 뮤지

킬을 배우고 무대에 서보니 정말 재미있었어요. 진짜 내가 원하는 게 무엇인지 알게 됐죠.

진아(眞我)를 찾은 거네요.

맞아요. '나는 무대에 서서 노래할 때 가장 행복한 사람이구나'라는 걸 느꼈죠. 한때 힘든 시간을 보내면서 '음악 때문에 불행해졌다'라고 생각했던 적이 있어요. 사람도 만나지 않고 칩거하면서 이제 노래를 그만해야겠다고 생각했었죠. 그때 우연한 계기로 봉사활동을 시작하게 됐는데 작은 공간에서 몇 명의 사람만을 앞에 놓고 노래할 기회가 있었어요. 기계적으로 노래하고 내려왔죠. 공연 후 관람객 중 한 분이 찾아와 "정말 힘든 일이 있었는데 당신의 노래 덕분에 잊을 수 있었다"라고 하시며 손을 꽉 잡아 주시는데 제가 오히려 위로를 받았어요. '아, 내 노래가 사람들을 위로할 수 있구나'라고요.

실제 성격은 어떤가요.

투란도트가 아픈 마음을 악으로 승화시켜서 복수를 통해 소화해내려고 하는 캐릭터라면 저는 아픈 일이 생기면 빨리 잊으려고 노력하는 편이어서 투란도트와는 매우 달라요.

상하이에서 열연하신 「투란도트」 공연을 보면서 나도 모르게 눈물이 흘렀던 기억이 나요. 노래로 치유받는 느낌이었죠.

32

예술가는 흔히 말하는 꽃길만 걸어서는 청중을 설득시키는 힘을 얻을 수 없는 것 같아요. 인생의 정점이라고 생각했던 순간에 고난을 겪었지만 자신을 돌아볼 수 있었고 노래를 통해 사람을 치유할 수 있음을 알게 되었죠. '그 일이 우리에게 일어난 이유는 그 일을 통해서 우리가 깨달아야 하는 것이 있기 때문이다'라는 말처럼 상황의 이면을 볼 수 있는 여유와 힘을 얻게 됐어요.

사랑은 열정이라기보다 상대를 향한 헌신과 봉사이자 신뢰라고 표현했던데요.

일방적으로 주기만 하거나 받기만 하는 사랑은 건강하지 못해요. 부부, 부모와 자식, 연인 등 어떤 관계가 됐든 일방적인 관계는 없어요. 과거에는 받는 사랑에 익숙했고 그것이 당연하다고 생각했던 것 같아요. 지금은 어떤 관계에서나 제가 해줄 수 있는 게 없는지 먼저 고민하고 고마움을 표현하려고 해요.

여고시절의 박소연을 추억했을 때 떠오르는 장면이 있다면요.

언니와 남동생이 있어서인지 매우 독립적으로 자랐어요. 고향이 대구인데 어릴 때는 얼른 부모님을 벗어나 서울에 정착하고 싶었어요. 국립대학교를 가야만 서울에 보내줄 수 있다는 부모님 말씀 때문에 이를 악물고 공부했죠. 유학생활도 마찬가지였어요. 유학을 가고 싶으면 한국에서 먼저 인정받는 모습을 보여달라고 하셨어요. 학교 안에서 진행하는 오페라의 주연을 맡고, 콩쿠르에 나가 결승에 진출해야 유학을 보내주겠다고 조건을 거셨어요. 어릴 때는 부모님이 참 냉정하다고 생각했는데 지금 생각해보면 덕분에 독립적이고 생활력이 강하게 성장할 수 있었던 것 같아요.

항상 조건을 거셨던 게 지금의 박소연을 만든 부모님의 전략이 아닌가 싶어요.

어떻게 보면 부모님이 지혜롭게 동기를 부여해주셨던 것 같아요. 덕분에 스스로 단련됐고 유학생활도 잘 견딜 수 있었던 것 같고요.

배우로서 제2의 인생을 사는 출발선에 와 있는데 앞으로 계획이 있다면요.

지금까지는 뮤지컬 배우라는 타이틀로만 배우 생활을 해왔지만 앞으로는 장르에 국한하지 않고 다양한 연기에 도전하고 싶어요. 그래서 최근에는 소속사도 정했죠. 혼자 고민하고 결정해왔던 일을 같이할 수 있는 가족이 생겨서 힘이 되고 좋아요. 그 어느 때보다도 일에 대한 의욕이 넘치는 요즘이에요.

서른아홉, 배우 박소연의 미래는 어떨까요.

100세 시대라고들 하죠. 아직 절반도 오지 않았어요. 새로운 분야를 개척해야 하는 숙제가 남아 있어요. 넘어야 할 산이 많겠지만 앞으로 제 인생이 어떻게 펼쳐질지 무척 설레요. 무엇보다 사람들을 위로하고 사람들에게 긍정적인 에너지를 줄 수 있는 배우가 되고 싶어요.

「투란도트」에서 열연을 펼치고 있는 박소연.
「투란도트」는 2017년 6월 열린
제11회 대구 국제뮤지컬페스티벌(DIMF)의 특별공연 무대에 올랐다.
이 페스티벌은 대구에서 열리는 국제적인 뮤지컬 축제로
영국, 러시아, 중국 등 여러 나라의 뮤지컬팀이 참가해왔다.
2017년에는 인도, 폴란드, 필리핀, 프랑스가 새롭게 합류했다.

육**

오페라 「투란도트」를 직접 현장에서 봤던 어느 밤이 떠오릅니다. 박소연 님의 뮤지컬은 어떤 빛을 낼지 무척 궁금하군요. 「배양숙의 Q」에서 만나게 될 '더, 오래' 멋지게 인생을 꾸려갈 사람들의 이야기가 더더욱 궁금해집니다.

kpi0**

하늘의 소리 박소연. "사랑하고 나누는" 성숙한 배우로 자리매김하시길 기도합니다.

swr8**

진아를 찾아 성숙하게 된 뮤지컬 배우의 스토리가 마음을 울립니다. 기회가 되면 뮤지컬 「투란도트」 꼭 보고 싶습니다. 「배양숙의 Q」 매주 기대됩니다.

2011년, CBS 교양프로그램 「세상을 바꾸는 시간, 15분」(이하 「세바시」)이 탄생했다. 「세바시」는 공익 목적의 콘텐츠인데도 누적 조회수 4억 2,000만 뷰, 매출 40억 원을 달성했다. 수많은 사람에게 꿈과 희망을 안겨준 「세바시」가 탄생 6년 만에 주식회사로 독립해 새로운 출발점에 섰다. 「세바시」 시청자와 함께 회사를 이끌어나가며 더 좋은 콘텐츠로 세상을 바꾸고 싶다는 구범준 대표의 꿈꾸기는 오늘도 멈추지 않는다.

4억 2,000만 뷰의 신화

구범준
「세바시」 대표

남은 생을 함께할 방송

"기차가 어둠을 헤치고 은하수를 건너면 우주정거장엔 햇빛이 쏟아지네…." 「은하철도 999」를 보면서 성장한 X세대. 이 시대 '철이'들은 삶의 최종 목적지인 안드로메다에 가기까지 이 땅에서 100년이라는 시간을 보내야 합니다. 구범준 대표님도 X세대 철이 중 한 명입니다. 그가 인생의 절반을 통과할 즈음 기획한 「세바시」는 많은 사람에게 꿈과 희망을 주고 있습니다. 남은 인생을 통해 그는 어떤 안드로메다로 우리를 안내할까요. 구범준 대표님의 도전은 늘 우리의 가슴을 뛰게 합니다.

「세바시」강연장에서 만난 구범준 대표.
6년 동안 750여 명의 강연자가 「세바시」무대를 거쳐 갔다.
780여 편의 강연 영상이 웹사이트나 모바일을 통해 방송됐다.
「세바시」를 통해 다양한 분야의 강연자들이
자신만의 이야기를 청중들에게 전한다.

우선 MBC 드라마 「내조의 여왕」과 시트콤 「뉴 논스톱」을 연출한 김민식 PD가 가장 먼저 떠오릅니다. 그는 인터넷을 통해 지식과 정보를 얻기 쉬운 시대이지만 영감과 동기를 부여하는 콘텐츠는 흔치 않다며 "「세바시」는 나를 바꾸는 공간, 너와 내가 공유한 이야기로 세상을 바꾸는 공간"이라고 하더군요. '행복은 강도가 아니라 빈도다'라는 주제로 김민식 PD가 진행한 강연을 짧게 편집해 올렸더니 페이스북에서만 3주 만에 100만 뷰를 달성했습니다. Re:plus HumanLab 박재연 대표는 「세바시」 강연자이자 열혈 팬이기도 한데요, "삶은 경험 속에서 깨달은 눈물과 웃음의 공간이며, 그곳에서의 나눔은 모든 이의 가슴에서 재해석되어 또 다른 성장으로 이어진다"라고 역설했습니다. 로봇다리로 유명한 수영선수 김세진 군은 「세바시」를 통해 "살아보지 않은 세상을 살아보는 방법, 세상을 눈이 아닌 가슴으로 볼 수 있는 방법, 말을 귀가 아닌 가슴으로 듣는 방법을 깨달았다"라고 했어요. 김세진 군의 어머니 양정숙 님은 「세바시」가 "100년의 내 삶에 1만 년의 삶의 지혜와 깊이, 위로를 더해준다"라고 비유했고요.

나이 마흔쯤에 「세바시」를 기획했어요. PD, 즉 콘텐츠를 만드는 직업인에게는 자기가 만든 걸 사람들이 많이 봐줬으면 하는 욕망이 있거든요. 저도 제 프로그램을 보고 사람들의 삶이 바뀐다면 돈 문제와 별개로 보람을 느낄 테죠. 그 즐거움을 PD 경력 13년 만에 「세바시」를 기획하면서 맛본 것 같아요. 그 전에도 좋은 프로그램을 만들었다고 자부하지만 대중에게 이렇게 많이 알려진 건 「세바시」가 처음이니까요. 20대에 세운다는 스타트업 기업(신생기업)을 저는 50 가까운 나이에 세운 거죠. 하지만 요즘 같은 100세 시대에 저는 아직 청년이라고 생각해요. 앞으로 이 프로그램, 이 콘텐츠를 더욱 잘 키워나가야죠. 그래서 저는 「세바시」를 남은 생을 함께할 제 콘텐츠이자 자식이라고 생각하고 있어요.

「세바시」와 TED는 어떻게 다른가요.

「세바시」는 우리 이야기입니다. 자기성장, 자기계발의 비중이 더 크죠. 「세바시」는 매월 강연을 진행하지만 TED는 연 2회 정도 대규모 강연을 진행합니다. TED가 매우 훌륭한 글로벌 강연 플랫폼인 것은 확실합니다. 그러나 한국 시장에서는 「세바시」가 더 경쟁력 있다고 봅니다. 한국에서 가요가 팝음악에 선두를 빼앗기지 않는 것과 같은 맥락이죠. K팝이 한류의 선봉에 선 것처럼 「세바시」의 이야기들도 해외, 특히 아시아 문화권에 진출할 수 있습니다.

「세바시」가 주식회사로 새롭게 출발하면서 기획한 프로그램이 있나요.

기존 콘텐츠를 지속적으로 만들면서 새로운 콘텐츠도 선보이려고 준비 중이에요. 또 단순히 투자자에게 투자를 받기보다 「세바시」 팬들이 회사의 주주가 됐으면 좋겠다고 생각했습니다. 그래서 크라우드 펀딩(온라인 소액 투자)을 받을 예정입니다. 「세바시」를 사랑하는 팬들 그리고 「세바시」의 성장 가능성을 밝게 보시는 투자자들이라면 크라우드 펀딩에 참여해주시길 기대합니다.*

새로 출발하는 회사의 대표로서 책임감과 사명감이 남다르겠네요.

말씀드린 크라우드 펀딩을 성공시키는 게 관건이에요. 새로운 콘텐츠를 만들고 새로운 사업을 전개해나가는 데 필요한 자본금 1억 원을 후원받지 못하면 주식회사로 전환한 의미가 없어질 테니까요. 목표액인 1억 원 펀딩을 달성하면 팬들이 주주로 참여하는 만큼 책임감이 남달라지리라 봅니다. 팀원들도 모두 사명감을 품고 이 사업에 열정적으로 임하고 있습니다.

「세바시」에 투자해 주주가 된 강연자, 시청자는 수익을 얼마나낼 수 있나요.

* 「세바시」는 2017년 12월 기준 3억 5,000여만 원을 모금하는 데 성공했다.

주주가 되면 세 가지 좋은 점이 있어요. 첫째는 「세바시」라는 좋은 콘텐츠를 만드는 데 이바지하실 수 있다는 거예요. 이것이 의미 있는 일이라고 기꺼이 생각해주실 거라고 믿어요. 둘째, 사업을 잘해서 한 해가 끝나고 결산할 때 벌어들인 수익을 주주들께 배당으로 돌려드릴 수 있어요. 이게 은행예금 이자보다는 높을 거예요. 셋째, 「세바시」라는 회사의 기업가치가 지금보다 높아질 거예요. 대여섯 배가 될 수도 있겠죠. 그 시점이 오면 지금 투자하시는 금액에서 적게는 몇 배, 많게는 몇십 배를 돌려받으실 수도 있으리라 기대합니다. 저는 그런 상황을 꿈꾸고 있고, 그렇게 만들기 위해서 열심히 할 겁니다.

혹시 기업가치가 떨어지는 일은 없을까요.

가치가 떨어질 일은 없어요. 「세바시」 팬들이 여기에 투자하면 그 자체가 기업가치를 상승시키거든요. 세상에 그런 회사는 많지 않아요. 좋은 콘텐츠를 만드는 회사가 크라우드 펀딩에 성공한다면 그 움직임 자체가 기업가치를 올려놓을 거라고 생각해요. 또 한 가지, 시청자들과 함께하는 콘텐츠는 망하지 않습니다. 저와 「세바시」 직원들이 좋은 콘텐츠를 지속적으로 만들고, 시청자들과 함께 좋은 사업을 지속적으로 전개하면 「세바시」라는 회사의 기업가치는 계속 성장할 겁니다.

구범준 대표님이 생각하는 '돈'이란 뭡니까.

짧고 단순하게 말하자면 돈은 '필요'입니다. 조금 더 구체적으로는, 하고 싶은 일을 조금 더 자유롭게 할 수 있게 하는 전제조건이라고 생각해요. 저는 「세바시」가 엄청나게 큰 돈을 벌어서, 구성원이 모두 부자가 되지는 못하더라도 창의적인 생각이나 세상을 바꾸려는 열정만큼은 마음껏 발휘할 수 있게 되었으면 좋겠어요. 사실 「세바시」 때문에 가족에게 소홀했는데요, 회사가 성장해서 콘텐츠가 자리 잡고 돈을 더 벌게 되면 가족에게 무게추가 더 옮겨갈 수 있을 것 같아요. 그런 의미에서 돈은 제 삶의 균형을 맞춰주는 필요조건이기도 하죠. 마지막으로 돈은 지속 가능함이에요. 꿈이 있는데 물질적으로 부족해서 그걸 포기할 수밖에 없는 사람이 많잖아요. 좋은 콘텐츠를 계속 만들고 유지하기 위해서는 인력이나 자원이 필요하기 때문에 돈은 중요해요.

자본주의 경제체제에서 돈이란 혈액 같은 존재인데요. 구범준 대표님 나름의 돈을 모으는 방법이나 철학이 있나요.

제가 서른부터 지금까지 일하면서 느낀 게, 돈을 벌기 위해 일을 하면 돈이 안 들어온다는 것입니다. 오히려 의미 있는 일을 하면 돈이 따라오고요. 뻔한 말이라고 생각하실 수도 있어요. 저도 30대 후반에 지인에게 이 얘기를 들었을 때 현실은 그렇지 않다고 생각했거든요. 그런데 「세바시」를 하면서 깨달았어요. 「세바시」는 공익성을 지닌 좋은 콘텐츠이면서도 돈을 꽤 많이 벌었거든요. CBS가 방송을 시작한 지 70년 가까이 됐지만 작은 방송사이다 보니 콘텐츠로 매출을 올리는 건 쉽지 않았습니다. 그런데 「세바시」가 그걸 해낸 거죠. 더 좋은 세상으로 나아가기 위한 가치를 지속적으로 담아내고, 이를 사람들에게 알렸더니 기업이나 기관이 광고를 협찬해줬어요. IPTV 같은 곳에서 방송용 콘텐츠로 판매되거나 대학교 수업 콘텐츠, 초·중·고 교사들이나 기업의 직원들을 위한 교육 콘텐츠로 활용되고 있기도 해요. 지난 6년 동안 그렇게 벌어들인 「세바시」 매출을 합치면 40억 원 정도에요. 그중 순수익은 17퍼센트 정도 되고요. 개인적으로는 회사에서 저를 높이 평가해주면서 월급이 올라가기도 했고, 강의하거나 원고를 쓰면서 부수입도 들어왔어요.

1960~80년대 출생한 X세대 처지에선 저금리 시대에 돈을 버는 것도, 불리는 것도 쉽지 않은데요.

X세대는 재테크를 잘 못하는 세대가 아닌가 싶어요. 과거 개발 중심 고성장 시대의 혜택들이 사라진 가운데 외환위기를 맞았고, 벤처기업들이 줄줄이 무너지는 버블 사태까지 겪었죠. X세대 처지에선 사회생활의 아주 중요한 시기를 저성장 시대에서 보낸 셈이죠. 그러다 보니 업무 역량은 높은데, 재테크 역량은 아쉬운 것 같아요. 재테크에 대한 지식은 있지만 실제로 해볼 수 있는 환경도 아니었고 기회도 없었다고 생각해요.

「세바시」 같은 스타트업 기업이나 벤처기업에 소액이나마 투자하는 것도 재테크 방법이 될까요.

저도 몇몇 스타트업 기업에 크라우드 펀딩 형태로 투자한 적이 있어요. 큰 수익을 얻으려는 마음보다는, 제가 투자하는 100만 원, 200만 원이 그 스타트업 기업에는 매우 중요한 사업 자금이 된다는 데서 얻는 자부심이 컸어요. 그런데 그렇게 몇 군데 투자해놓으니까 어느새 가치가 커져 있더라고요. 주식시장에서는 섣불리 투자했다가 큰 손해를 보았지만, 「세바시」 같은 스타트업 기업에 크라우드 펀딩 형태로 투자한 돈은 큰 수익을 내고 있어요.

막 시작하는 시점에 던지기에는 엉뚱한 질문이지만, 은퇴 시점은 언제로 잡고 있나요.

일흔 정도로 잡고 있습니다. 100세 시대를 전제하면 30년 정도가 남았는데, 그 전에 「세바시」 콘텐츠를 만드는 일을 다른 후배에게 넘겨줄 수도 있겠죠. 그때도 여전히 「세바시」는 저에게 중요한 것이겠지만, 사실 저는 어릴 때부터 그림을 그리는 게 꿈이었어요. 가정 형편 때문에 미술대학 진학을 포기했는데, 그림을 그리고 싶은 욕망은 여전히 남아 있습니다. 은퇴한 뒤에 적어도 5년 정도는 그림을 공부하고 일흔다섯 정도 됐을 때 개인전을 여는 것이 제 꿈이에요. 지인한테 제 그림을 강매하는 것이 아닌 정말 제 그림을 좋아해주는 사람에게 그림을 파는 프로 화가가 되고 싶어요.

'100세 시대'라고들 합니다. 이른 퇴직 등으로 '은퇴'라는 말이 무의미해지고 퇴직 후에도 경제활동을 계속해야 하는 '반퇴'라는 말이 등장했는데요, 반퇴 이후 나타날 수 있는 삶의 균열을 막는 방법을 생각해봤나요.

퇴직 이후 생활에서 가장 중요한 건 돈인 것 같아요. 경제적인 여건, 쌓아놓은 재산의 정도가 퇴직 이후의 삶을 결정하니까요. 그렇기 때문에 사람들이 일찍부터 노후를 준비하는 것이겠죠. 어떤 균열이 일어날지는 모르겠지만, 제가 은퇴 후에 화가가 된다고 하면 그림 공부를 하는 기간도 필요할 테고, 작품을 만드는 기간도 필요할 테니 그동안 경제적 기반을 잘 마련해두는 게 좋을 것 같아요. 그렇게만 된다면 인생 후반전에서 하고 싶은 일을 하며 돈을 벌 수 있으니 정말 좋겠죠.

은퇴 이후 아내와 꿈꾸는 삶의 모습은요.

아마 제 그림을 파는 영업 활동을 하고 있지 않을까요? (웃음) 글쎄요. 제 아내는 지금 CBS에서 PD로 일하고 있고요. 저만큼이나 감각 있는 PD인 건 분명해요. 사실 저도 은퇴 이후에 무엇을 할 거냐고 물어본 적은 없어요. 일단 퇴직하기 전까지는 좋은 선교 프로그램, 영상 콘텐츠를 계속 만들겠죠. 그외에는 이기적이게도 제 생각만 했네요. 집에 돌아가서 아내와 진지하게 얘기를 나눠봐야겠어요.

마지막으로, 가장으로서 어깨가 무거운 X세대 동년배들에게
응원의 메시지를 보내주세요.

노후를 위한 재테크를 못 했을 우리 X세대 동년배들에게.
「세바시」에 투자하세요. (웃음) 노후에 사용할 좋은 재원을 마
련해드리겠습니다.

▲ 「세바시」 녹화 현장.

▼ 2017년 11월 29일 열린 '세상을 밝게 만든 사람들' 시상식에서
  소감을 말하고 있는 구범준 대표.

mhjy**

「은하철도 999」의 철이로 비유한 인터뷰어의 센스도, 공익성이 가득한 콘텐츠 개발로 세상을 조금씩 바꿔가는 인터뷰이도 멋집니다. 두 분 다 원석을 보석으로 가공해내는 장인들이시군요. 부디 「세바시」라는 원석을 보석으로 다듬어 세상에 빛을 내줄 동지들이 많아지길 기원합니다.

ɘllʊ**

「세바시」. 훈훈하면서도 냉철한 면이 맘에 들어요. 늘 응원하겠습니다. 오랫동안 감동과 앎으로 채워주시기 바랍니다.

박**

「세바시」 본방도 재미있지만 「배양숙의 Q」를 통한 인터뷰도 흥미진진하네요. 「세바시」에 대한 기대도 큽니다.

Won**

구범준 대표님 그리고 「세바시」 응원합니다. 진진정성으로 선한 영향력을 퍼뜨리시는 분들의 질문과 답변 고마운 마음으로 보았습니다. 고맙습니다.

백건우는 천재다. 열 살의 나이로 국립 교향악단과 피아노 협주곡을 협연했다. 공식적으로만 그렇단 이야기다. 협연 전까지 따지면 태어날 때부터 예술적 감수성을 타고났다고 봐도 불편하지 않다. 이후 60년 넘게 재능을 펼치고 있다.

건반 위의 구도자가 연 베토벤 축제

백건우
피아니스트

2017년 9월 특별한 콘서트가 열렸습니다. 피아니스트 백건우 선생님이 베토벤 소나타 전곡을 연주한 것이죠. 백건우 선생님이 베토벤 소나타 전곡을 연주한 것은 10년만의 일로, 그 자체로도 의미 있지만 선생님만의 해석으로 재탄생한 베토벤 소나타라는 점에서도 감동이었습니다. 명실공히 선생님은 '천재'입니다. 그러나 대부분 그렇듯, 대중의 변덕에서 자유로울 수 없는 천재는 외롭습니다. 그래서 천재는 스스로 만족해야 합니다. 백건우 선생님은 그런 점에서 진정한 천재라 할 수 있습니다. 선구자로서 늘 새로운 한계를 정하고 스스로 뛰어넘기 때문입니다.

미소가 아름다운 피아니스트 백건우 선생.
그는 클래식에 대한 지식 보다
음악을 들을 수 마음의 귀가 중요하다고 말한다.

그 숫자들은 출판번호를 의미합니다. 그런데 저는 번호 순서대로 연주하지 않습니다. 소나타에 들어 있는 음악이 중요하지 순서는 중요하지 않거든요. 베토벤도 순서대로 연주하라고 말한 적이 없어요. 저는 그것보다 프로그램을 어떻게 설계하느냐를 중요하게 여깁니다. 사실 음악에 어떤 타이틀을 붙이는 것도 좋아하지 않아요. 음악을 접하기 전에 어떤 생각이 굳어버리면 그 세계가 좁아지거든요. 다만 이번에는 중요한 소나타들이 프로그램마다 들어간다는 것을 보여주기 위해서 「비창」에서 「함머클라비어」(Hammerklavier)까지 타이틀을 넣은 거예요.

이번 공연은 10년 전과 다른 점은 전국을 순회한다는 것입니다. 전국을 돌며 32곡의 소나타를 연주하는데, 저는 이걸 1년 내내 베토벤과 함께하는 축제라고 생각해요. 9월 1~8일 서울 공연이 베토벤 소나타 전곡 공연의 클라이맥스입니다.*

---

* 2017년 3월 29일에 시작한 백건우 베토벤 리사이틀 '끝없는 여정'은 전국 30여 곳에서 열렸다. 서울 공연은 9월 1일부터 8일까지 8일간 예술의전당에서 열렸다.

음악은 연주자와 함께 매일 변하기 때문에 10년 전 만난 베토벤과 지금 만나는 베토벤의 모습은 당연히 다릅니다. 저는 앞으로의 베토벤이 어떻게 변할까 항상 궁금해요. 저도 하루하루 새롭게 느껴지는 게 신기할 따름입니다. 어떤 곡을 처음 접하면 흥분해서 공부하고 연주하다가도 시간이 지나면 그 흥분이 사라지기 마련인데, 베토벤은 가면 갈수록 더 사랑하게 됩니다. 연주도 더 훌륭해지고요.

'베토벤은 음악역사에서 너무 뛰어난 작곡가이기 때문에 내 삶을 좌우하는 거인과 같다. 그와 함께하는 게 행복하다'라는 말씀을 하셨어요.

베토벤을 거인이라고 한 건 그만큼 음악세계가 넓다는 거예요. 베토벤은 모든 장르를 두루 섭렵하거든요. 그렇기 때문에 1년 동안 한 작곡가의 곡을 한 악기로만 연주하는 것도 가능하죠. 베토벤은 너무 위대해서 우리가 평생 노력해도 그 보물을 다 캐내지 못할 거예요. 그래서 전 행복합니다. 한없이 갈 수 있으니까요.

'일곱 살의 백건우' 하면 어떤 기억이 떠오르세요.

일곱 살에 처음 피아노를 접했는데 사실 저는 피아니스트가 되려는 생각이 없었어요. 제 어머니는 피아를 가르치셨는데, 다른 애들이 와서 배우니까 호기심에 흉내를 냈던 것이 시작이에요. 그렇게 어깨너머로 1년 정도 배우니 웬만한 곡을 칠 수 있게 되었습니다. 그러자 어머니가 다니던 교회에서 어떤 곡을 쳐달라고 하더군요. 일곱 살이면 한창 밖에서 뛰어놀고 싶을 나이잖아요. 그때도 놀다 와서 손이 흙투성인데 '빨리 와서 연주하라'고 해서 손을 막 털고 피아노를 친 게 생각나요. 자연스럽게 피아노를 시작하게 된 거죠.

요즘 학부모들은 네다섯 살 때부터 학원 스케줄을 짜 아이들을 가르치기도 합니다.

피아노 소리는 강요한다고 나오지 않아요. 이작 펄만 (Itzhak Perlman)은 바이올린을 사달라고 부모님께 세 번 말했어요. 본인이 원해서 바이올린을 배우다가 힘들어서 관두기를 반복했던 것이죠. 강요하는 부모님이었으면 펄만이 바이올린을 그만두도록 놔두지 않았을 겁니다. 만약 그랬다면 펄만 같은 훌륭한 음악가가 나올 수 있었을까요? 음악은 본인이 하고 싶을 때 해야 하고 아무나 하는 게 아니에요. 우리 힘만으로는 어떻게 할 수 있는 게 아니죠.

음악적 재능은 타고난다는 말씀인가요.

뭔가 다른 데서 주어진 것이 있어야 가능해요. 모차르트 같은 작곡가는 드물잖아요. 베토벤은 너무 많은 음악적 재능을 물려받아 고통스러워했어요. 그렇기 때문에 그런 곡을 쓸 수가 있었던 거고요. 보통 사람은 그런 육체적 고통을 겪으면서 곡을 쓸 수 없어요. 베토벤이 앓던 병은 그냥 안 들리는 게 아니라 잡음이 계속 들리는 병이었어요. 그 잡음 속에서 아름다운 소리를 찾을 수 있었던 것은 음악적 재능이 있었기 때문이에요.

백건우 선생님도 천재적인 재능으로 열다섯 살에 줄리아드학교에 다니셨잖아요. 그때 러시아 피아니스트 로지나 레빈(Rosina Lhévinne, 1880~1976)을 사사하셨는데, 가끔 그리우신가요.

레빈 선생님은 제게 부모님 같았어요. 자식처럼 대해주셨죠. 그분은 곡만 가르치는 게 아니라 사생활에 대해서도 자주 대화하려 하셨어요. 저의 정신상태 등 여러 가지를 이해하기 위한 것이었겠죠. 저의 삶과 저의 연주를 연결시켜 저만의 연주가 나오게끔 가르치셨어요. 너무 훌륭하신 분이고 저에게는 선생님 이상입니다.

지금도 떠오르는 추억이 있나요.

컨디션도 안 좋고 음악을 계속해야 할지 고민에 빠져있던 날이었어요. 레빈 선생님은 제게 혼자 피아노를 치고 있으라고 하셨고, 저는 의미 없이 피아노를 쳤어요. 그런데 갑자기 선생님이 오시더니 '너야말로 훌륭한 피아니스트야!'라고 말씀하셨어요. 마음을 정하지 못한 제 상태를 알아보시고 그 한마디로 저를 잡아주신 거죠.

20대에 첫 개인 독주회를 모리스 라벨(Maurice Ravel, 1875~1937) 전곡으로 하셨지요. 라벨과의 첫 만남은 어땠나요.

어렸을 때부터 라벨의 곡을 들었지만 그의 음악세계가 정말 제 귀에 살아서 들린 건 줄리아드학교에 다닐 때였어요. 그 당시 저는 러시아에 빠져 있었는데, 그 매력을 음악을 통해 표현한 사람이 바로 라벨이었어요. 어느 날 연습실에서 어떤 음악이 흘러나오는데 세상에 그렇게 아름다운 곡이 없더라고요. 라벨의 「쿠프랭의 무덤」이란 곡이었죠. 그때부터 한 곡씩 접근해가다 보니 전곡을 연주하게 됐습니다. 그러다 내가 이렇게 사랑하는 라벨에, 청중과 함께 하룻밤 흠뻑 젖어보고 싶다는 생각이 들어서 라벨 전곡 프로그램을 짰어요. 그 당시만 하더라도 한 작곡가의 전곡 프로그램을 기획하는 사람이 없었어요. 그래서 더 환영받았죠.

다른 피아니스트에게 질투를 느낀 적은 없나요.

저는 본래 질투가 없습니다. 사람마다 각자의 가치가 있고 그 사람들이 저와 얼마나 다른지 아니까요. 피아니스트들은 각자 다른 세계가 있기 때문에 서로 질투할 필요가 없다고 생각합니다.

현대인들은 자신을 타인과 비교하며 자신을 힘들게 하고 있습니다. 이 말씀으로 독자들이 깨닫는 게 있을 것 같아요. 그렇다면 감성을 건강하게 유지하기 위해 꾸준히 하시는 일이 있나요.

감성을 건강히 유지하는 건 아주 중요해요. 정신적으로 건강하지 않으면 좋은 음악도 나오지 않거든요. 제가 늘 얘기하지만 음악은 참 솔직합니다. 그래서 그 사람의 모습, 인격 등 모든 게 그대로 비쳐요. 인간은 속여도 음악은 속이지 못하죠. 그래서 자기를 끊임없이 닦아야 합니다. 저에게는 피아노를 연주하는 것 자체가 저를 닦는 방법이에요. 어떤 마음가짐으로 연주하느냐에 따라 소리가 완전히 달라지니까요.

악기와 교감도 하시나요.

저는 악기와 교감하는 데 많은 시간을 보내요. 그 악기를 이해하고 사랑으로 다뤄서 소리를 끄집어내야 하거든요. 소리를 강요할 수는 없어요. 이것도 레빈 선생님의 가르침인데, '사랑하는 사람을 밀치지 않는 것처럼 소리를 끌어들여라. 그냥 치는 것은 밀어내는 거고 소리를 끌어와야 한다'고 말씀하셨어요.

세월호 참사 추모 공연, 지적장애인을 위한 연주 등 선생님의 활동은 현대사회에 진심 어린 위로를 전해주는 것 같아요.

그런 활동들은 위대한 음악가들에게서 배운 거예요. 그분들은 기교 위주로 공연하지 않아요. 음악을 승화시키고, 음악을 통해 인간의 훌륭한 모습을 발견하고, 사랑을 나누죠. 저는 그런 음악을 들으면서 자랐기 때문에 그냥 연주하는 것만으로는 만족하지 못해요. 저는 상처 입은 사회에 음악가로서 어떤 메시지를 던지기 위해서 그런 활동을 하는 거예요.

많은 사람이 선생님의 연주로 치유받습니다.

지난 달 제주도에서 연 지적장애인과 함께한 공연에서는 제가 오히려 큰 선물을 받은 것 같아요. 연주 도중에 아이가 무대에 올라왔다는 것이 저한테는 아주 감동적이었거든요. 어떤 면에선 제가 그렇게 되도록 유도했고요. 처음에 연주회장을 갔을 때 무대가 객석보다 너무 높고 멀리 있었어요. 이대로는 아이들하고 소통할 수 없을 것 같아서 무대 위치를 낮췄죠. 그러니까 아이들이 저한테 다가왔어요. 그날 그런 일이 두 번 있었는데, 한 아이는 저와 같이 피아노를 쳤고 다른 아이는 제 연주가 마음에 와닿던지 악기를 사랑스럽게 쓰다듬더라고요. 물론 연주 도중이라 깜짝 놀랐지만 행복했어요.

선생님께 피아노 연주는 일상이자 일입니다. 때로는 연주가 노동으로 느껴질 때도 있나요.

그렇게 느껴본 적은 없어요. 물론 곡이 잘 안 풀릴 때는 힘들죠. 치고, 치고, 또 치고, 계속 노력해요. 노동이라는 생각이 든다면 그렇게 매일 몇 시간씩 피아노 앞에 앉아 있을 수가 없죠. 아내인 배우 윤정희 님과 저는 항상 우리가 하고 싶은 것을 하면서 사람들한테 기쁨도 주고 생계도 이어나가니까 정말 행복하다고 말해요.

스튜디오 연주와 무대 연주 중 어떤 걸 선호하시나요.

두 연주는 전혀 다른데, 저는 한동안 스튜디오 연주를 멀리했어요. '음악은 자꾸 변하는데 딱 묶어놓는 연주가 의미가 있을까'라는 생각이 들었거든요. 무대 연주는 정말 아무것도 없는 제로에서 창작하는 작업이에요. 아무리 1,000번, 1만 번 반복해서 연습했더라도 무대에 올라갔을 때는 그 곡을 새로 써나가듯이 연주해야 하죠. 그 때문에 저는 곡을 '해석'한다기보다는 '창작'한다는 표현을 써요. 그날 어떤 색깔이 나올지, 어떤 감정이 우리를 사로잡을지는 알 수 없거든요.

스튜디오 연주는 의미 없는 건가요.

시대마다 나름의 진리가 있는 것 같아요. 젊었을 때 한 연주는 모자란 점이 있더라도 그때만 내릴 수 있는 해석과 느낄 수 있는 감정이 녹아 있어요. 그건 몇 번을 다시 연주하더라도 똑같이 나올 수 없어요. 그렇게 생각하면 스튜디오 녹음도 기록이라기보다는 하나의 작품으로서 인정할 만하다고 봅니다.

피아니스트 글렌 굴드(Glenn Gould, 1932~82)는 같은 곡이라도 20년 전의 연주와 오늘의 연주를 편집해서 또 다른 작품을 만들 수도 있다고 얘기했어요. 이것이 스튜디오 연주를 통해 할 수 있는 또 다른 성격의 창작이겠죠.

시대의 흐름과 상통하는 고전주의적인 전개를 정확히 이해한다는 것은 무엇인가요.

그걸 꼭 이해해야 하나요? 그런 지식보다는 들을 수 있는 마음의 귀를 여는 게 중요해요. 마음을 열고 들으면 음악이 살아서 와닿거든요. 물론 음악사를 알면 조금은 도움이 되겠지만 그건 하나의 지식일 뿐이에요. 음악은 인간이 가장 직접적으로 알아들을 수 있는 언어입니다. 그렇기 때문에 저는 클래식 형식을 이해하는 게 그리 중요하다고 생각하지 않아요.

클래식을 들을 때 이론적 배경이 부족해서 의기소침한 분들도 이제 마음을 열고 음악을 들을 수 있을 것 같아요.

저는 그래서 장소를 가리지 않고 연주합니다. 유럽 무대, 서울 무대에서 다 똑같이 연주해요. 제 연주가 솔직하다면 그리고 제가 그 음악을 통해서 말하고 싶은 게 분명하다면 반드시 전달되거든요.

많은 나라에서 공연하셨잖아요. 꼭 한 번 더 가보고 싶은 장소가 있으신가요.

너무 많아요. 저와 아내는 장소를 선택하기보다는 공연을 위해 정해져 있는 장소에 가잖아요. 그곳을 이해하기 위해서 공연 일정보다 일찍 도착해 며칠 머물기도 하고 그 주변을 여행하기도 하는데, 매번 느끼지만 지상은 모든 곳이 신비로워요. 그래서 어떤 여행지를 알고 가는 것보다 가서 발견하는 여행지가 더 가치 있다고 생각해요. 본인만의 여행지를 찾는 거죠.

100세 시대라고들 합니다. 올해 아흔여덟의 철학자 김형석 선생님은 60대, 70대를 '늙은 젊은이'라고 표현했습니다. 인생이 30년 정도 남았다면, 선생님의 꿈은 뭔가요.

돌이켜보면 저는 꿈같은 인생을 살았던 것 같아요. 그래서 남은 시간 주어진 인생을 지금처럼 충실하게 살아가려고 합니다. 꿈꾸는 건 좋지만 과분한 욕심은 부리고 싶지 않아요.

9월, 가을의 시작을 선생님의 베토벤 소나타 전곡과 함께할 수 있습니다. 독자들에게 초대의 말씀 부탁드립니다.

저는 60년 가까이 피아노를 연주하면서 여러 가지 체험을 많이 경험했어요. 유명한 무대에도 서보고, 힘든 프로그램을 만들고, 완전히 새로운 음악적 체험을 경험해보기도 하고요, 베토벤 소나타 전곡을 듣는 것은 정말 귀한 음악적 체험이에요. 이렇게 강렬하고 음악과 가까워질 수 있는 체험은 없죠. 이번 공연은 세계적인 작곡가 베토벤을 직접 느낄 수 있는 기회입니다.

이 인터뷰를 읽은 독자들이 베토벤 소나타를 듣고 싶어 할 텐데, 한 곡만 추천해주시겠어요.

사람마다 좋아하는 곡이 다른데, 명곡들은 다 이유가 있어요. 좋은 곡이기 때문에 명곡이죠. 잘 알려진 곡들을 들어보세요.

세월호 참사 100일째 되는 날
제주항에서 추모 독주회를 연 백건우 선생.
그의 공연은 힘든 사회에 위로의 메시지를 던지는 시간이다.

ions**

백건우 선생님의 베토벤과 만날 시간이 기다려집니다. 이 지상의 아름다움과 신비로움을 더 많이 찾아낼 수 여행 꿈꾸어봅니다. 좋은 인터뷰 감사합니다.

how2**

"음악은 연주자와 함께 매일 변하기 때문에 10년 전 만난 베토벤과 지금 만나는 베토벤의 모습은 당연히 다릅니다. 저는 앞으로의 베토벤이 어떻게 변할까 항상 궁금해요. 저도 하루하루 새롭게 느껴지는 게 신기할 따름입니다." 이런 호기심이 거장을 만들어내는 거겠지요. 참 좋은 인터뷰입니다.

smil**

사랑하는 마음으로 소리를 끌어오고 마음으로 그 소리를 듣는 일련의 과정이 정말 아름답게 와닿습니다. 인터뷰 내용을 생각하며 백건우 선생님의 베토벤 음악 연주를 다시 들어봐야겠어요. 좋은 인터뷰 감사합니다.

2005년, 미국에 작은 김밥 가게가 생겼다. 그로부터 12년 후, 그 작은 김밥 가게는 전 세계 1,300여 지점을 둔 연 매출 3,000억 원의 도시락 회사로 성장했다. 미국 나스닥에 상장 준비 중인 '스노우폭스'의 이야기다. 그 신화의 주인공은 재미교포 사업가 김승호. 그는 이미 일곱 개의 계열사를 두고 있지만, 상상과 도전을 멈추지 않는다. 나를 위한 꽃집, '스노우폭스플라워'(SNOWFOX FLOWERS)는 그의 새로운 도전이다.

세계 1위 도시락 회사 CEO의 꽃집

김승호
스노우폭스 회장

한국의 '사장 문화'을 바꾸다

김승호 회장님은 요즘 가장 주목받는 기업인 중 한 명입니다. 미국과 한국을 바쁘게 오가며 성공시킨 스노우폭스가 나스닥 상장을 눈앞에 두고 있기 때문이죠. 이처럼 큰 성공을 거둔 그가 가장 중요하게 생각하는 것이 '실패'라니 역설적입니다. 인생에서 실패가 준 경험들을 마음 깊이 존중하며 그 배움을 통해 마흔 이후 멋지게 재기한 김승호 회장님. 그의 최근 목표는 모든 경영자가 서로에게 이익이 되는 '초유기적 사업관'을 한국 사회에 퍼뜨리는 일이라고 하는데요, 그가 선사하는 '불편'이 우리 사회에 어떤 유익이 될지 매우 기대됩니다.

스노우폭스플라워 매장에서 만난 김승호 회장.
그는 현재 한국과 미국을 오가며
국내 최초의 'CEO를 가르치는 CEO',
일명 'CEO 메이커'로 활동 중이다.

네. 미국에 주력 사업이 있지만, 서울에서 글로벌 경영, 외식 경영과 관련해 여러 강연을 하고 있습니다. 최근에는 스노우폭스플라워라는 신규사업을 론칭해 한국을 자주 방문하고 있습니다.

사업 초기에는 미국 내에서 도시락 가게를 하나하나 늘리는 데 집중했어요. 미국 전역에 매장을 보급한 후에는 다른 나라에 사업 패키지를 팔았고요. 그렇게 여러 나라에 패키지를 팔고 나니 제가 할 일이 없어지더라고요. 그래서 새로운 사업을 구상했죠. 현재 회사가 일곱 개인데, 내가 살면서 불편하다고 느낀 것을 어떻게 개선할 수 있을지 고민하다 보면 사업이 돼요. 그게 상품이든, 서비스든. 이런 식으로 사업의 영역을 확장해나가는 거예요.

개인적으로 꽃을 매우 좋아해요. 미국에서는 마트에 가면 질 좋은 꽃을 쉽게 살 수 있어요. 그런데 한국은 꽃집들이 대부분 지하에 있고 꽃 상태도 안 좋더라고요. 제가 본 한국의 꽃집들은 진짜 꽃을 판다기보다는 경조사용 꽃을 포장하는 선물 가게에 가까웠어요. 그럴 수밖에 없는 게 한국은 꽃 시장의 80퍼센트가 경조사 시장이에요. 제대로 된 꽃을 사려면 서울 양재동 화훼센터나 박람회에 가야 하니까 구조적으로 작은 가게가 늘어날 수 없죠. 그래서 사람들이 일상에서 꽃을 살 수 있는 방법을 생각하게 됐어요. 소비자는 꽃을 편하게 살 수 있고 꽃 시장은 매출이 증가하니까 공동이익이죠.

편하게 꽃을 사고 싶어서 차린 사업이 화훼산업에 큰 변화를 일으킬 수 있겠네요.

실제로 aT화훼센터에서 많은 관심을 보였어요. 그동안 원예업계를 발전시키기 위해 많이 노력했지만 산업으로는 연결되지 않았거든요. aT화훼센터에서는 제 가게가 서울의 비싼 임대료를 이겨내고 살아남는다면 화훼산업에 일대 변화가 올 것이라고 기대하고 있어요. 저도 그렇게 생각하고요. 제 비즈니스 구조 속에서 원예시장이 자생할 수 있다면 원예시장은 어마어마하게 커질 거예요.

스노우폭스플라워의 시작을 위해 가족과 함께 한국으로 오셨습니다. 평소 가족과 어떻게 지내시나요.

제 개인시간 대부분을 가족과 함께 보내요. 특히 아내하고는 항상 같이 다니죠. 오늘도 중앙대학교에서 제자 200명이 모이는 강연이 있는데 아내와 같이 갈 거예요. 그런데 한국 사회에서는 아내와 같이 다니는 것을 낯설어하더라고요. 저는 사업 파트너와도 저녁식사를 하지 않아요. 저녁 시간에는 항상 가족과 함께 있죠.

한국 경영자 대부분은 그렇지 않잖아요.

경영자들은 그럴 수 없다고 하겠죠. 하지만 저는 인맥과 술자리에 바탕을 둔 사업문화가 점차 줄어들 거라고 봅니다. 여성 사업가들이 많아지면서 일을 합리적으로 하는 경향이 강해지고 있지 않습니까? 지금은 인간관계를 잘 맺는 사람보다 확실한 실적을 보여주는 사람이 경쟁력 있는 시대예요.

한국과 미국의 기업문화는 어떻게 다른가요.

제가 아는 CEO는 미국에 매장이 3,000개 이상 있는데, 직원들 한 명 한 명에게 인사하면서 할인쿠폰이 달린 명함을 나눠주더군요. 이게 미국 사업가들의 일반적인 모습이에요. 한국도 리더들이 특유의 권위를 내려놓아야 합니다.

회사운영 방식이 남다른 것 같습니다.

저는 직원들의 자율성을 강조합니다. 독립적으로 판단하고 결정할 수 있도록 하는 거죠. 예를 들어 회사에 납품이나 투자와 관련해서 사람이 찾아와도 저는 할 수 있는 일이 없어요. 이미 직원한테 제 권한을 넘겨줬고 저는 그 권한을 절대 침해하지 않거든요. 철학적으로 말하자면 노자의 '무위사상'을 접목한 거예요. 아무것도 안 하는 듯하면서 사업의 정확한 콘셉트와 방향을 제시하는 거죠.

김승호 회장님께서 강조하는 '공정서비스권리'란 무엇입니까.

한국의 고객만족(CS, Customer Satisfaction) 교육은 일본에서 들여왔기 때문에 소비자 보호와 권리를 강조합니다. 그런데 직원의 인격은 고려하지 않아요. 손님이 어떤 가게의 무례한 직원한테 상처받으면 다시는 그 가게에 가지 않듯이, 직원도 무례한 고객한테 상처받으면 그 직업에 모멸감을 느끼고 떠나요. 그래서 저는 우리 직원들이 일의 영역에서 인격을 존중받는 것이 당연한 권리라고 생각합니다.

스노우폭스플라워 론칭 이후 새로운 사업 계획이 있는지요.

계열사인 외식기업 'jfe 프랜차이즈'가 3,500억 원 평가를 받아 미국 나스닥에 상장 준비 중입니다. 재미교포 개인회사로는 최초입니다. 해외로 진출한 한인 외식기업으로는 최대 규모로 평가받은 것이고요.

이렇게 사업을 일굴 때까지 적잖은 시행착오를 겪었을 텐데요.

모든 불행의 이면에는 좋은 점들이 항상 있다고 생각합니다. 저는 일곱 번이나 사업에 실패했지만 그 경험에서 배운 것들을 지금 사업을 일굴 때 활용했어요. 제가 만약 실패를 겪지 않고 성공했더라면 지금쯤 망했을지도 몰라요. 제가 겪은 여러 실패도 결국 성공으로 가는 과정이었기 때문에 실제로는 실패한 것이 아니라고 생각해요.

김승호 회장님만의 성공으로 가는 길을 소개해주세요.

6시를 두 번 만나야 합니다. 아침 6시와 저녁 6시. 세상을 이끈 사람들은 모두 아침에 일찍 일어났어요. 해는 이 땅 아래 모든 만물을 일으켜 세우고 번성시킵니다. 그런 해가 떠오를 때 깨어 있는 사람들은 성공의 첫 계단을 밟고 올라서는 거예요. 또 책상 서랍과 트렁크, 지갑을 정리해야 합니다. 삶에서 정말 중요한 것을 채우려면 빈 공간이 필요하거든요. 그래서 저는 메신저 친구도 400명이 넘지 않도록 관리해요. 파트너나 직원, 배우자를 구할 때 이런 부분들을 확인하면 미래가 좀더 확실해질 겁니다.

순재산이 5,000억 원인데, 돈은 어떻게 모아야 합니까.

저는 돈을 모으기 위한 방법을 '수각이론'으로 정리합니다. 개울 또는 담벼락에서 흐르는 물을 돌로 모아 놓은 것을 수각이라고 하는데, 이 수각을 얼마나 깊게 파느냐에 따라 모이는 돈의 양이 달라진다고 해요. 저는 적은 돈을 벌었더라도 내 마음의 수각이 크면 부자가 될 수 있다고 생각합니다. 돈을 관리하는 방식은 삶의 태도와 연결되는데, 이런 태도들이 모여서 수각이 커져요. 그 때문에 돈을 모으기 위해서는 일단 돈을 헛되이 쓰는 생활습관부터 바꿔야 합니다.

김승호 회장님께 '돈'이란 무엇일까요.

돈이란 한마디로 '자유'입니다. 사실 역설적인 건데, 내가 어떤 마음으로 돈을 인식하느냐에 따라 돈은 자유가 될 수도, 속박이 될 수도 있어요. 돈을 내 삶의 도구로 쓰면 자유가 되지만 목표로 삼으면 속박당하는 거예요. 제가 몇 개의 기업을 운영하니까 매우 바쁠 거라고 생각하시는 분들이 많은데, 실제로는 한가합니다. 저는 신규사업을 론칭하거나 투자를 할 때도 바쁘지 않고 제 인생을 영위할 수 있도록 돈을 써요. 인생은 한 번뿐이니까 제 인생을 보호하는 거죠. 그렇게 보호된 시간은 친구, 후배, 가족과 함께 보냅니다.

CEO를 가르치는 CEO, 'CEO 메이커'로도 활동하십니다.

저의 소명 중 하나는 한국의 '사장 문화'를 바꾸는 것입니다. 저는 사람한테 가장 많은 영향을 미치는 직업이 사장이라고 생각해요. 어떤 사장을 만나느냐, 어떤 회사를 들어가느냐에 따라 한 사람의 인생이 바뀌잖아요. 그래서 저는 사장들의 생각을 바꾸고, 망하지 않게 교육하는 것을 중요한 사명으로 느껴요. 중앙대학교에서 4학기 동안 교육 과정을 열어 강의했어요. 지금도 분기마다 한 번씩 사장들을 가르치고 있고요. 제 목표는 제 주변의 100명을 백만장자로 만드는 거예요.

100세 시대를 행복하게 잘 사는 법은 무엇일까요.

행복한 인생을 살려면 자기결정권이 있어야 합니다. 자기 결정권이란 것은 내가 내 인생을 스스로 결정할 수 있는 능력과 권한이에요. 젊었을 때 자기결정권을 얼마만큼 얻느냐가 인생의 후반을 책임진다고 할 수 있죠. 자기결정권을 얻기 위해서는 내 인생을 내가 책임지고 보호할 수 있을 만큼의 재정과 확고한 생각이 필요합니다. 자기결정권이 클수록 행복해질 수 있고 자신의 100세 인생도 보호될 거예요.

'제2의 김승호'를 꿈꾸는 예비 창업자들한테 한마디 해주세요.

성공한 사람들의 겉모습만 보지 말고 성공의 이면에 무엇이 있는지 들여다보기 바랍니다. 정말 좋은 선생은 자신의 방법을 강요하며 울타리 안에 가두는 사람이 아니라 어깨를 내주며 울타리 밖으로 내보내는 사람이에요. 제가 걸어온 길은 하나의 방법일 뿐이고 여러분은 더 좋은 방식으로 성공할 수 있습니다. 저의 이야기는 그저 하나의 발판으로서 도움이 됐으면 좋겠어요. 인생은 깁니다. 마흔까지는 망해도 다시 일어설 수 있어요. 그러니까 마흔 전에 하는 실패를 두려워 말고 그동안 쌓은 경험을 통해 훌륭한 사업가로 태어나시길 바랍니다.

'비움'이 중요하다는 김승호 회장의 지갑에는
개인카드 한 장, 법인카드 한 장, 명함 한 장이 전부다.
자신의 지론을 몸소 실천하는 모습이 인상적이다.

qlol**

돈은 악한 것이고 악랄한 방법을 써야만 벌 수 있다고 생각하는 많은 사람의 편견을 깨트려 줄, 어느 멋진 소설, 영화 속에서나 볼 수 있을 것 같은 의로운 김승호 회장님의 인터뷰 잘 보았습니다.

mhjy**

그가 쓴 책을 읽었고 그를 스승으로 여기고 있는 대표 한 분을 통해 얘기를 많이 들었습니다. 남 다른 관점과 실행력이 또 하나의 역사를 쓰게 되나 봅니다. 「배양숙의 Q」로 다양한 지평을 맛보게 됩니다.

iclc**

멋집니다. 지금 당장 책상 서랍과 지갑부터 정리해야겠어요. 좋은 인터뷰 감사합니다.

'김영애가족치료연구소' 소장 김영애는 가족치료의 선구자인 버지니아 사티어(Virginia Satir, 1916~88)가 제시한 가족치료 모델을 연구해 한국에 '사티어 모델'을 알린 장본인이다. 가족의 가치가 점점 바래가고 비혼주의가 유행이 된 오늘날에도 그는 가족치료에 전념하고 있다.

'미우새'에게도 필요한 가족치료

김영애
김영애가족치료연구소 소장

너와 나를 용서하는 일

현대인들은 마음의 병을 안고 살아갑니다. 어디서 비롯된 건지, 어떻게 해결해야 할지 모르는 마음의 병 때문에 해서는 안 될 일을 저지르기도 하고, 심지어 자신을 놓아버리기도 하죠. 안타까운 일이 아닐 수 없습니다. 김영애가족치료연구소의 김영애 소장님은 이런 문제를 해결하기 위해서 무엇보다 '가족'이 중요하다고 말합니다. 개인주의가 팽배한 사회지만 결국 개개인은 누군가의 가족이기 때문입니다. 그의 말대로 가족이야말로 복잡다단한 세상에 지친 우리가 마음 편히 쉴 수 있는 숲이지 않을까요.

김영애가족치료연구소에서 만난 김영애 소장.
가족갈등과 가정폭력은 우리 사회에서 흔하게 일어난다.
그만큼 가족치료가 중요하다.

요즘 MBC 예능프로그램 「나 혼자 산다」나 JTBC 예능프로그램 「미운 우리 새끼」처럼 혼자 사는 유명인들의 일상을 보여주는 프로그램이 늘어나고 있습니다. 우리 사회가 갈수록 개인화되고 있음을 보여주는데요, 개인주의 사회에서도 '가족치료상담'이 필요할까요.

그런 프로그램에서뿐만 아니라 주변에서도 요즘 시대의 가족이 어떠한 모습인지 어렵지 않게 볼 수 있습니다. 기대가 높은 어머니의 통제 때문에 잃어버린 어린 시절의 욕구를 나이가 들어 충족하려는 모습도 볼 수 있고, 순종적인 자녀가 뒤늦게 사춘기를 겪는 모습도 볼 수 있죠. 본인이 결혼을 원하고 있는데도 그 시기가 늦어지기도 하는데, 어머니의 가치관과 양육방식, 기대가 어머니 중심적이기 때문입니다. 부모의 지나친 통제는 자녀가 자신의 감정이나 생각, 기대를 표현하거나 자기를 형성하지 못하게 해요. 또 자녀가 완벽을 추구하게 하죠. 문제는 그 기준을 결혼 상대를 선택할 때도 적용한다는 것입니다. 당연한 얘기지만 어머니 마음에도 꼭 들고, 본인 마음에도 꼭 드는 완벽한 배우자를 찾는 건 쉽지 않아요. 그래서 결혼 시기가 계속 늦어지는 것이죠. 이처럼 우리의 생활습관이나 태도는 아무리 사소한 것이라도 가족에게서 비롯됩니다. 그래서 사회가 개인화되어도 개개인을 가족과 떼어서 생각할 수는 없겠죠.

'가족치료'란 정확히 뭔가요.

가족치료는 가족구성원 한 명 한 명에게 접근하기보다는 하나의 집합체로서 가족에 접근하는 치료방법론입니다. 가족의 문제를 해결하기 위해서는 먼저 가족이라는 집합체 안에서 일어나는 상호작용을 이해해야 한다는 것이죠. 사티어*는 가족치료 방법론을 처음 제시한 선구자입니다. 이는 가족뿐만 아니라 부부를 상담할 때도 똑같이 적용되는데요, 꼭 두 사람을 함께 만나야 합니다. 자녀가 문제가 있을 때는 가족 전체를 만나야 하고요.

이론적인 설명만으로는 이해하기 어려운데, 사례를 들어 설명해주시지요.

먼저 사춘기 아들이 어머니에게 폭력을 가한 사례를 예로 들어보겠습니다. 이런 문제는 아들만 상담해서는 해결할 수 없습니다. 아들에게 몰두하는 어머니, 어머니의 통제에 반항하는 아들, 모자갈등에 개입하면서 아들을 때리는 아버지, 남편의 폭력을 비난하는 아내, 다시 물러설 수밖에 없는 남편 등 가족구성원 전부가 맞물려 있기 때문입니다. 이런 경우엔 어떻게

---

* 사티어는 가족치료의 선구자로, '내 안의 평화' '너와 나의 평화' '우리 모두의 평화'를 외쳤다. 그녀는 냉전이 한창이던 시절에도 공산주의 진영의 나라에까지 가서 이 개념을 펼치려고 노력했다. 그녀의 비전은 개인의 치유를 넘어서 가족, 사회, 전 세계를 치유하는 것이었다.

해야 할까요? 우선 가족구성원 사이의 상호작용을 살펴봐야 합니다. 아버지는 양육에 신경 쓰지 않고 자신의 성취에만 몰두하고, 남편에게 실망한 부인은 아들에게만 집중합니다. 이때 어머니에게 학력 콤플렉스가 있다면 자녀의 성적에 더 집착하죠. 또 조부모의 기대를 채우려고 노력하면서 성장한 부모는 자녀에게도 똑같이 본인들의 기대를 채워줄 것을 요구합니다. 가족이 제 기능을 하지 못하는 가정에서 성장한 부모는 보통 자존감이 낮습니다. 그리고 자녀를 통해 자신의 자존감을 회복하려 하죠. 이런 경우 부모의 성장 과정과 부부관계 등 부모의 내면을 먼저 살펴보아야 합니다.

개인이 아니라 가족관계 전체를 봐야 한다는 말씀이군요. 또 다른 사례가 있을까요.

한번은 경제적으로 넉넉한 집안에서 자라 명문대를 나오고 일류기업에 다니는 40대 남성이 우울증을 호소하면서 면담을 요청했습니다. 그 부인은 남편과 달리 가난한 집안에서 자라 고등학교만 졸업하고 사이버대학교를 나왔더군요. 남편은 부인을 끊임없이 회유하며 쫓아다녔지만 부인은 항상 냉정한 태도로 남편을 회피했습니다. 이런 문제는 둘의 상호작용만으로는 해결할 수 없습니다. 어린 시절을 살펴봤더니, 남편은 폭력적인 아버지, 냉정한 어머니, 아버지의 기대에 부응하지 못한 형에게 가해진 부모의 가혹한 처벌을 보며 자랐습니다. 가족, 특히 어머니의 따뜻한 사랑을 간절히 원하면서 조용히 공부만 했죠. 부인은 무능력한 아버지와 항상 바쁜 어머니 사이에서 홀로 성장했습니다. 남편은 자신의 어머니처럼 냉정한 부인에게 어린 시절 받지 못한 사랑을 얻고자 하지만, 부인은 자신의 어머니처럼 남편을 무시하고 자기의 욕구 충족에만 집중하면서 문제가 생긴 것이죠. 결국 이 부부의 갈등을 해소하기 위해선 의사소통 방식은 물론 성장 과정의 문제까지 다루어야만 했습니다. 이처럼 사티어 모델은 부모의 심리내면, 부모의 원가족관계, 부부관계, 자녀들과의 관계를 총체적으로 다룹니다.

다양한 가족치료 모델 중 사티어 모델을 연구하게 된 계기가 있나요.

제가 기독교 상담학을 전공했는데, 지도교수님이 가족치료를 전공한 분이었습니다. 덕분에 가족치료 훈련도 많이 받았죠. 사티어 모델은 인간을 인지, 정서, 행동뿐만 아니라 영성, 신체, 경험, 열망, 잠재의식 등까지 포함한 총체적 존재로 봅니다. 사티어 경험주의적 가족치료 모델만이 이 모든 것을 아우르고 있기 때문에 저는 10여 년간 사티어 모델을 훈련했습니다. 지금은 상담 외에도 많은 제자를 훈련하고, 책을 쓰고 있습니다.

말씀을 들어보니 누구보다 사티어 모델을 깊이 이해하실 듯합니다. 그렇다면 사티어 모델과 다른 가족치료 모델의 결정적인 차이점은 무엇인가요.

사티어는 사람과 사람 사이의 관계를 중요시했어요. 더 나아가 모든 존재에 내재되어 있는 생명 에너지, 즉 인간의 영성도 매우 중요하게 여기고 경외심을 표했습니다. 사람들은 모두 생명의 현현체(顯現體)이기 때문이죠. 타인과 나를 동등한 생명체로 존중하기 위해서는 먼저 생명체의 고귀함을 회복해야 합니다. 그렇게 하려면 나에게 상처를 준 사람들을 용서하고, 나를 사랑하지 못한 나 자신을 용서해야 해요. 사티어 모델은 경험적으로 이 작업을 시도합니다. 특히 대부분 문제는 어린 시절의 경험에서 비롯되는데요, 어릴 때 겪은 경험일수록 내 안의 모든 세포에 저장되기 때문입니다. 따라서 내 존재 전체가 용서할 수 있는 경험과 새로운 관계를 맺는 경험이 필요합니다. 사티어 모델은 이 과정을 매우 효과적으로 다루고 있습니다.

좋은 치료사가 되려면 어떻게 해야 하나요.

치료사는 먼저 기술적으로 충분히 훈련돼야 합니다. 다른 사람의 삶을 다루는데 이론이나 기술이 부족해서는 안 되겠죠. 그다음으로는 인간에 대한 측은지심이 있어야 합니다. 인간은 모두 유한한 조건에서 태어나고 죽어요. 그건 누구도 피할 수 없는 실존적 조건이죠. 다른 사람을 불쌍히 여기라는 것이 아니라 인간의 실존적 불안을 수용하면서도 생명력이 잘 드러나는 삶을 살 수 있어야 한다는 겁니다. 그런 의미에서 저는 치료사를 단순히 치료하는 사람이라기보다 삶의 동반자라고 생각합니다.

우리나라 가족관계에는 어떤 특징이 있나요.

과거 우리나라에서는 '눈치문화'가 발달했습니다. 집단적인 문화가 강한 사회구조 속에서 가족구성원의 수치스러운 행동을 집안의 수치로 여겼기 때문이죠. 그래서 자기의 마음을 표현하는 것을 허락하지 않았어요. 이처럼 한국사회에서 가족은 우리를 지지해주기도 하지만 큰 스트레스가 될 수도 있습니다. 요즘은 사회가 급격하게 변하면서 자기의 생각을 마음껏 표현하는데요, 그렇다고 이런 현상을 좋다고만 할 수도 없어요. 타인은 없고 나만 있는 자기중심적 자기주장이 팽배하고 있기 때문이죠. 이런 변화는 가족중심 사회인 우리나라에서 가족이기주의로 나타나기도 합니다. 가족의 개념은 빠르게 변하고 있어요. 그리고 이 변화에는 개인뿐만 아니라 사회환경의 변화도 큰 영향을 미칩니다.

바람직한 자녀교육 방법에 대해 고민하는 부모들이 정말 많습니다.

아이들에게 자신을 인정하는 훈련을 시켜야 합니다. 많은 부모가 잘못 이해하고 있는데, 칭찬하는 게 아이를 인정하는 것이 아닙니다. 아이가 본인의 감정을 자각하고 그런 자신의 모습을 인정하게 해야 해요. 예를 들어, 어떤 아이가 반 친구와 싸웠다면, 왜 싸웠는지, 왜 그런 감정을 느꼈는지, 그 전에는 어떤 일이 있었는지, 상대 아이는 어떤 감정을 느꼈을지 등에 대해 얘기를 나누면서 해결 방법을 함께 모색해야 합니다. 아이에게 자기만이 아니라 타인까지 보는 방법도 훈련시키는 것이죠. 하지만 자녀양육에서 가장 중요한 요소는 부모의 정서적 안정감, 안전한 환경이에요. 결국 행복한 부부관계가 바람직한 자녀양육으로 이어지는 겁니다.

최근 '공황장애'를 호소하는 사람들이 늘고 있어요. 이를 어떻게 극복할 수 있을까요.

근래에 공황장애에 대한 인식이 높아졌습니다. 물론 공황장애는 뇌가 반응하는 것이라 약물치료가 필요해요. 하지만 약물로는 공황장애를 근본적으로 치료할 수 없습니다. 공황장애는 내가 어떤 상황을 절대 해결할 수 없다는 두려움이 생길 때 발병하는 것입니다. 극도의 공포와 죽을 것 같은 절박함이 엄습하고 심장박동이 빨라지며 호흡곤란, 발한증세가 나타나지요. 빠져나갈 길이 없는 벽에 부딪혔다고 느껴 내적 힘을 상실한 겁니다. 이런 경우, 어린 시절의 무의식적 상처, 지나친 기

대감, 무력감 등으로 상처 입은 내면을 치료하는 작업이 이뤄
져야 해요.

나와 가족, 부부의 관계란 뭔가요.

나와 가족, 부부는 절대 나눌 수 없는 관계예요. 생명의 에
너지는 가족을 통해 지속적으로 전달되고, 항상 긍정적인 방향
으로 흐르려고 합니다. 그러지 못할 때 문제가 생기는 것이죠.
부모는 자녀의 생명 에너지가 잘 흐르도록 도와주어야 해요.
부모는 자녀에게 많은 것을 전합니다. 유전적 정보를 통해 환
경 변화에 적응할 수 있도록 돕고 양육을 통해 삶의 방식을 터
득하게 하죠. 즉 자녀들은 부모의 삶을 보고 자신의 삶을 만들
어 갑니다. 그래서 부모는 자녀뿐만 아니라 자신의 삶도 잘 돌
봐야 해요. 그렇게 하기 위해서는 내 안의 해결되지 않은 다양
한 걸림돌들을 해결해야 하겠죠.

우리는 살면서 많은 후회를 합니다. 100세 시대가 선물한 긴
여정을 후회 없이 잘 살아가려면 어떻게 해야 할까요.

우리는 지금 이 순간을 살 수밖에 없습니다. 과거는 이미
사라졌고, 미래는 아직 오지 않았습니다. 그러나 많은 사람이
과거를 후회하고 미래를 걱정합니다. 그리고 자기를 비난합니
다. 저는 요즘 후배들에게 이렇게 이야기합니다. "그 때도 옳
고, 지금도 옳다." 그때도 나의 선택은 옳았고, 지금의 나의 선

택도 옳다는 겁니다. 내가 그런 결정을 내린 것은 그 당시로서는 최선이었다고 받아들여야 앞으로 나아갈 수 있어요. 과거의 나를 용서하고 수용하고 인정해주어야 합니다.

사티어 가족치료 훈련 과정 중
'가족조각수업'을 시연 중인 김영애 소장.
김영애는 사티어 모델이 가족 집단주의가 작용하는
우리 사회에 유효하다고 말한다.

김**

"지금 우리는 이 순간을 살 수 밖에 없다." "그 때도 맞고, 지금도 맞다." 그리고 앞으로 살면서 내려야 할 그 많은 선택도 '그 순간에는 최선'이었음으로 그 또한 맞다. 사티어 가족치료의 지평을 열어주신 김영애 소장님 감사합니다.

강**

대한민국 모든 가족이 사랑으로 연결되어 행복 가득하기를 소망합니다. 기사를 읽으며 가족의 치유와 더불어 개인도 소중한 존재임을 알게 되었습니다.

pray**

나를 사랑하고 용서할 수 있어야 타인을 사랑하고 용서할 수 있겠다는 생각이 드네요. 유익한 글 감사합니다.

msdw**

'걱정하지 마라. 너의 문제가 아니고 인간의 문제이니라.' 누구나 인간이면 가질 수 있는 많은 상처를 내면의 아이를 안아주듯 따뜻하고 편안하게 치유해주는 사티어 가족치료를 더 많은 사람이 경험할 수 있기를 소망합니다.

'블루밍경영연구소' 소속 '보이스 코치' 이진선. 국내에선 아직 생소하지만 보이스 코치란 신체의 여러 부위를 훈련해 숨은 목소리를 찾아주는 조련사다. 지금은 배우로도 활동하고 있는 그의 삶은 한 편의 드라마 같다. 세 살 때 부모와 헤어진 뒤로 수녀원에서 지내다 열다섯 살 땐 그곳에서도 도망쳤다. 갈 곳 없는 소년을 받아준 중화요릿집, 더 큰 세상으로 가기 위해 선택한 프랑스 외인부대, 그토록 꿈꿨던 배우 데뷔 그리고 우연히 만난 보이스 코치라는 직업. 그는 오늘도 배우이자 보이스 코치로 1인 2역의 삶을 바쁘게 또 치열하게 살아가고 있다.

군가 부르다 얻은 목소리

이진선
배우, 보이스 코치

정해진 삶은 없다

　누구도 '환경'을 마음대로 선택할 수는 없지요. 유일하게
할 수 있는 것은 주어진 환경을 어떤 마음가짐으로 받아들이
고 살아가느냐가 아닐까 싶습니다. 첫인상이 너무 밝아 상상할
수 없었던 이진선 님의 인생 역정! 그는 자신에게 던져진 불행
한 환경 속에서도 포기하지 않았습니다. 자신을 믿고 꿋꿋하게
앞으로 나아갔습니다. 그래서일까요. 지금 이진선 님은 열 살
무렵 꿈꾸게 된 '배우'의 길을 걷고 있고, 무엇보다 소중한 가
족을 꾸렸습니다. 그의 삶에 박수와 무한한 응원을 보내며, 이
시대의 또 다른 이진선들에게 용기와 희망의 방향등이 되어주
기를 바랍니다.

상상하기 힘든 삶을 산 이진선.
하지만 그는 포기하지 않고 묵묵히 앞으로 나아가
배우의 꿈을 이루고 보이스 코치로서
제2의 인생을 살고 있다.

보이스 코치란 직업이 우리에겐 아직 생소한데요.

목소리엔 그 사람의 건강은 물론이고 지적 수준, 직업, 신체골격, 자라온 환경 등 200여 가지의 정보가 담겨 있어요. 보이스 코치란 각자에게 숨겨져 있지만 정작 자신은 깨닫지 못하고 있는 본인만의 목소리를 찾아주는 조련사입니다. 올바른 호흡법과 발음, 발성법을 알려주죠. 목소리를 잘 사용한다면 어떤 상황에서든 돋보일 수 있고 성공할 수 있습니다.

영화 촬영 때문에 매우 바쁘다고 들었어요.

네, 영화 「공작」과 「안시성」 두 작품에 출연하게 됐습니다. 윤종빈 감독님이 메가폰을 잡은 「공작」은 2018년 추석 전 개봉 예정인데, 북한의 핵 개발을 둘러싼 남북의 첩보전을 다룬 영화에요. 전 기자 역으로 출연합니다. 「안시성」 역시 2018년 개봉 예정으로 김광식 감독님이 메가폰을 잡은 작품입니다. 고구려 장수 양만춘이 88일간 당태종의 공격을 막아낸 '안시성 전투'를 그린 초대형 사극이에요. 제 배역은 당나라 총사령관의 부관입니다. 아직 비중이 큰 배역은 아니지만 이제 시작이에요. 영화 촬영과 더불어 보이스 코칭 강연도 틈틈이 다니느라 바삐 지내고 있습니다.

부모님과는 어떻게 헤어졌나요.

부모님과 헤어진 이유는 저도 잘 모릅니다. 너무 어렸을 때라 기억도 안 나고요. 1983년 서울 종로3가 파고다 공원에서 제가 발견됐고 마리아 수녀회에 보내졌다고 하더라고요. 열여섯 살 때 '어쩌다 나는 고아가 됐을까' '내가 이쯤에서 혼자 울고 있지 않았을까' '나라면 여기서 아이를 잃어버렸을 때 어떻게 했을까' 따위를 생각해보며 종로3가를 한없이 걸었던 적이 있어요. 만약 부모님이 저를 잃어버린 거라면 그리고 저를 찾기 위해 애타게 노력했다면 충분히 찾을 수 있었을 것 같다는 생각이 들었죠. 속상했지만 이제는 많이 괜찮아졌습니다.

열다섯 살의 어린 나이에 수녀원을 탈출한 이유는 뭔가요.

서울에서 초등학교에 다니다 중학생 때 부산에 있는 수녀원으로 가게 됐습니다. 갑작스러운 환경 변화뿐만 아니라, 평생 초등학생일 줄 알았던 제가 중학생이 된다는 것 자체가 충격이었어요. 그곳에 있는 선배들을 보니 기술을 배워 공장에서 평생 기계를 만지며 살더라고요. 저는 그렇게 정해진 삶을 살기 싫었습니다. 제 안에는 항상 무언가에 도전하고 성취하려는 욕구가 강하게 있었던 것 같아요. 더 큰 세상으로 나아가기 위해 오랜 시간 고민했고, 수녀님들께는 정말 죄송하지만 도망치기로 결심했죠.

어린 나이에 처음 마주한 세상은 어땠나요.

도망친 날 밤 무작정 걷다 부산 국제시장에 도착했습니다.

배가 고파서 일단 중화요릿집으로 들어가 자장면을 시켜 먹었어요. 직원이 배달 나가면 도망칠 생각이었는데 마감시간이라 안 나가더라고요. 결국 사장님이 눈치를 채시고 제게 돈은 있는지, 잘 곳은 있는지, 이것저것 물어보셨어요. 그리고 그 중화요릿집에서 일하며 생활할 수 있게 도와주셨죠.

정해진 삶이 싫어서 도망쳤으니 중화요릿집에서 일만 하진 않았을 것 같아요.

어느 날 정신을 차려보니 제가 '중국집 총각'으로 불리고 있더라고요. 저는 이런 삶을 원해서 수녀원을 나온 게 아니었기 때문에 이 상황의 유일한 돌파구라고 생각한 공부에 매달렸습니다. 그래서 검정고시를 준비했죠. 처음에는 주변에서 괜히 돈 낭비하지 말라고 비아냥거렸어요.

교재비를 감당하기 쉽지 않았을 텐데요.

어느 날 아침 사장님이 공부하다 잠든 제 모습을 보시고는 남은 교과서 할부금을 다 대주셨어요. 제 진심을 느끼신 거죠. 그렇게 대입 검정고시까지 합격했지만 한국에서 대학을 가기엔 장벽이 너무 높았습니다. 연극영화과는 다른 과보다 학비가 훨씬 비쌌고, 독학으로는 유복한 가정에서 자라 과외까지 받은 아이들을 따라가기 힘들었어요. 저 같은 사람은 대학에 접근조차 할 수 없는 구조였어요.

열 살 때 세종문화회관에서 마리아 수녀회 아이들을 초대
해 뮤지컬 「피터팬」을 보여줬어요. 어린 제 눈에는 무대 위 세
상이 얼마나 거대하고 황홀하게 보였는지요. 심지어 피터팬이
되고 싶다고까지 생각했어요. '저렇게 많은 사람의 눈에 지속
적으로 노출된다면 부모님을 찾을 수 있지 않을까?' 하는 생각
도 있었고요. 그때부터 막연히 배우를 꿈꾸게 됐어요.

꿈과 현실의 괴리에 대한 무력감에 너무 힘들어 혼자 술
을 한잔하다 잠든 어느 날이었습니다. 열어둔 창문으로 제 얼
굴에 빗방울이 떨어지는 게 느껴져 깼는데, 어디선가 읽은 '외
인부대'라는 단어가 머릿속을 스쳐 지나갔어요. '내 스스로 내
자신을 변화시킬 수 없다면 외부의 힘을 빌려 나를 변화시키
자. 프랑스 외인부대로 가자.' 죽을 수도 있는 곳이지만 전 정
말 절박했거든요. 제 젊음의 일부를 희생하면 기회가 주어질
것 같았어요. 그렇게 결심하고 나서 바로 여권을 만들고 프랑
스 편도 항공권과 60만 원, 바지 한 벌, 속옷 한 벌, 양말 한 켤
레만 가지고 비행기에 올랐어요. 그때가 열여덟 살이었습니다.

지 않았을 텐데요.

　정말 간절히 원하면 눈앞에 작은 빛이 보이더라고요. 공항에 내렸는데 한국인처럼 보이는 가이드가 서 있는 거예요. 그분한테 도움을 청했죠. 우여곡절 끝에 모병소에 도착했지만 두려움과 긴장감으로 그 앞에서 한참을 망설였어요. 이를 악물고 지원했고, 각종 테스트를 통과해 외인부대원이 됐습니다.

언어 장벽으로 힘들진 않았나요.

　힘들었죠. 그래서 정말 열심히 노력했습니다. 훈련이 모두 끝나고 밤 10시에 소등한 후에도 저는 화장실에서 초를 켜고 공부했어요. 하루는 당직사관이 순찰을 돌다가 불빛을 발견하고 화장실 문을 두드리는 겁니다. 두려움에 떨며 문을 열었더니 덩치 큰 당직사관이 눈을 부릅뜨고 서 있더라고요. 혼날 준비를 하고 있었는데, '잘 땐 자라!'라고 소리치고는 초코바를 하나 꺼내 주며 엄지를 척 올리는 거예요. 너무 고마웠어요.

노력하는 모습이 기특했나 보네요. 5년 동안 복무하면서 많은 걸 얻었을 것 같아요.

　스키, 승마, 수영, 운전, 프랑스어를 배웠고 가장 중요한 건 제 목소리를 얻었습니다. 그땐 몰랐지만 텍스트를 또박또박 소리 내 읽거나 군가를 나지막이 부르는 게 좋은 목소리를 얻기 위한 훈련이 되었던 겁니다. 프랑스 군가는 다른 나라의 군가들에 비해 음이 아주 낮아요. 저는 당시 목소리가 미성이었는데, 프랑스 군가를 5년 동안 부르니까 목소리에 힘이 생겼습니다.

실제로 전투에 참여한 적도 있나요.

2000년, 세네갈에서 정권이 교체되면서 정부군과 반정부군이 대치했습니다. 세네갈 정부는 프랑스 외인부대에 협조를 구했고, 실제로 부대원 150명 정도가 갔어요. 외인부대가 있는 것만으로도 전쟁이 억제되거든요. 다행히 전쟁은 일어나지 않았지만, 안전을 위해 아이들한테도 총을 겨눌 수밖에 없었던 현실이 마음 아팠습니다.

타지에서 홀로 지내는 게 쉬운 일은 아니잖아요.

입대한 지 3년 정도 됐을 때 '외로워서 죽을 수도 있겠구나' 싶을 만큼 심적으로 힘들었어요. 하루는 같이 근무하던 형한테 한국으로 돌아가고 싶다고 하소연했는데, 그 형이 이렇게 말하더라고요. "한국 가면 뭐 할 건데? 한국에서 네가 뭘 했는지 모르겠지만 그때로 돌아가고 싶으면 가." 머리를 한 대 얻어맞은 것 같았어요. 그 말 때문에 제가 입대한 이유를 생각하며 마음을 다잡을 수 있었죠. 전쟁에서 이기는 것보다 자신과의 싸움에서 이기는 것이 먼저였던 거예요. 그렇게 5년간의 복무를 마치고 에꼴 댄스 드 파리(Ecole dance de paris)에 입학해 그토록 하고 싶었던 연기를 공부했어요.

한국에 돌아와서 처음 한 일은 뭔가요.

오디션을 찾아봤습니다. 목록의 맨 위에 있던 단원 모집 공고를 보고 바로 연락해 단원 생활을 하게 됐어요. 처음 맡은 배역은 '닭'이었습니다. (웃음) 김유정의 소설 『봄봄』에 나오는 닭이요. 저한테는 너무 소중한 첫 배역이었기 때문에, 닭이 나오는 동영상을 보면서 열심히 공부했어요. 어떻게 걷는지, 목은 어떻게 돌리는지, 어떻게 우는지, 눈빛은 어떤지까지요. 그렇게 꿈에 그리던 무대에 섰는데 세상을 다 가진 것 같더라고요. 하지만 힘든 때도 많았어요. 연극만으로는 살기 힘들어서 막노동까지 했거든요.

오늘 인터뷰가 생애 첫 인터뷰라면서요. 인터뷰 장소인 서울 삼성생명서초타운과도 특별한 인연이 있다고요.

사실 이 건물도 제가 일했던 현장이에요. 공사하느라 한참 드나들었던 건물이 완공되고 출입이 통제되니까 기분이 묘하더라고요. 제가 언제 또 이곳에 올 수 있을까 생각했는데, 신기하게도 오늘 이렇게 인터뷰하기 위해서 왔네요. 여기 들어오면서 건물과 인사를 나눴어요. 그동안 잘 지냈냐고. (웃음)

'코칭'은 어떻게 접하게 됐나요.

제 아내는 대학병원 간호사인데, 병원에서 많은 강의를 들어요. 하루는 아내가 저한테 블루밍경연구소의 김상임 대표코치님*의 강의를 들어보라고 하더군요. 그런데 강의료가 생각보다 비싼 거예요. 저는 "내년에 아기도 태어나고 쓸 돈이 얼마나 많은데!" 하고 버럭 화를 냈죠. 그런데도 아내가 계속 권유하니까 속는 셈 치고 들어봤는데, 코칭이라는 게 알면 알수록 신기하더라고요. 저는 제 자신을 잘 안다고 생각했는데 그게 아니었어요. 코칭을 받을 때마다 새로운 제 자신을 발견했고 잠재된 능력들을 온전히 제 것으로 만들 수 있게 됐죠. 물론 가장 큰 깨달음은 제 목소리를 발견한 겁니다. 코칭은 일반적인 주입식 교육과는 달라요. 질문 하나하나가 그 사람 안에 있는 모든 것을 끌어내거든요.

아내분이 코칭과의 인연을 만들어준 거네요. 아내를 어떻게 만났는지 궁금합니다.

어느 날 집에서 TV를 보고 있는데 세네갈 봉사단원 모집 공고가 나오더라고요. 「코이카의 꿈」이라는 프로그램이었어요. 외인부대 시절 세네갈 아이들한테 총을 겨눈 게 저한테는 항상 죄책감으로 남아 있었는데 이번 기회에 용서를 구하자는 생각으로 지원했죠. 저는 봉사단장으로 세네갈에 가게 됐고,

---

* 김상임은 두 자녀의 엄마로 삼성에 공채로 입사해 CJ의 임원까지 오르며 다양한 업무를 경험했다. 2011년 퇴임한 후 '코칭으로 대한민국 행복지수를 높이겠다'는 생각으로 기업임원에서 대학생까지 다양한 사람을 코칭과 강의로 변화시키고 있다.

세브란스 병원에서 의료진들을 보내줬어요. 그중에 제 아내가 있었고요. 그렇게 아내를 처음 만났습니다.

외인부대를 가지 않았다면 아내도 만나지 못했겠네요.

그렇죠. 근데 세네갈에 있을 때는 너무 바빠서 아내와 말 한마디 못 해봤어요. 제대로 만난 건 한국에 돌아와서였죠. 심 장수술을 받아야 하는 세네갈 아이가 있었거든요. 세브란스 병 원에서 그 아이를 돕기로 했고, 저는 그 아이의 보호자가 되어 같이 한국으로 왔습니다. 그때도 막노동을 하던 시절이었는데, 매일 저녁 집에서 깨끗하게 샤워하고, 제일 좋은 옷을 입고 그 아이를 만나러 병원으로 갔습니다. '보호자'로서의 면모를 보 여주고 아이를 안심시켜주기 위해서요. 어느 날 병실을 나왔는 데, 익숙한 얼굴의 여자가 서 있더라고요. 봉사할 때 만났던 간 호사, 제 아내였습니다. 그 넓은 병원에서 다시 만난 것도 보통 인연이 아니죠. 제가 먼저 차 한잔하자고 말을 건넸고, 그렇게 결혼까지 하게 됐습니다.

직접 코칭을 하게 된 계기는 뭔가요.

김상임 대표코치님이 저한테 처음 코칭을 해보는 게 어떻 겠냐고 권유하셨어요. "제가 볼 때 이진선 씨는 지금도 충분히 많은 재능이 있어요. 이제 달리기는 그만하시고 가지고 계신 재능을 깨워보세요. 요즘 많은 사람이 목소리로 고민하고 있어요. 오랫동안 목소리를 훈련하셨을 텐데 다음 코칭 모임 때 보이스 코칭을 한번 해주시면 어떨까요?" 그날 밤 얼마나 설렜는지 몰라요. 새로운 도전은 오랜만이었거든요.

첫 보이스 코칭은 어땠나요.

우리나라 최고의 회계사 그룹 임원들 앞에서 프로로 데뷔하게 됐습니다. 무척 긴장되더라고요. 그런데 같은 날 아내가 출산을 위해 병원에 실려 간 거예요. 아내에 대한 걱정까지 겹치니 정신이 없더라고요. 하지만 제 자신을 믿었고, 결과는 대성공이었습니다. 지금은 블루밍경영연구소 소속 코치로 저만의 보이스 코칭 프로그램을 개발해 기업 리더들을 위한 보이스 코칭을 진행하고 있어요.

기업 리더들이 돈을 내면서까지 보이스 코칭을 받는 이유가 있을 것 같아요. 그 정도로 목소리가 중요한가요.

첫인상을 형성하는 데 가장 중요한 게 목소리에요. 겉모습은 몇 시간에서 며칠이면 기억에서 사라지는데 목소리에 대한 기억은 평생 가거든요. 그런데 목소리 형성에 가장 큰 영향을 미치는 게 직업입니다. 제가 강의 나가서 임원분들께 본인의 목소리가 무슨 색인 것 같으냐고 물으면 대부분 회색이라고 말씀하세요. 딱딱하고 무미건조하고 사무적인 직업의 영향이죠. 일례로 아들이랑 여행도 가고, 원하는 것도 다 사주고, 최선을 다했다고 생각했는데 언제부턴가 사이가 틀어졌다고 고민하시던 분이 계셨습니다. 생각해보니 집에서도 항상 임원 같은 목소리로 말했다는 거예요. 제 코칭대로 목소리에 활력을 넣어 가족들과 얘기했더니 한 달 만에 아들이 먼저 옆자리로 다가와 앉았다고 하더라고요. 이렇게 목소리 하나 때문에 가족과의 관계가 틀어질 수도 있고 소중한 고객을 놓칠 수도 있어요.

37년 동안 많은 우여곡절을 겪었는데, 힘든 상황을 잘 극복하는 방법이 따로 있나요.

저는 프랑스에서 오랜 기간 혼자 지냈고, 가족이 없어서 힘들어도 말할 데가 없었어요. 그럴 때마다 저는 '너무 많이 생각하지 말고 지금 당장 눈앞에 있는 이거 하나만 넘자'라고 스스로를 다독이며 버텼죠. 제가 이 시대의 청년들에게 하고 싶은 말은 환경에 연연하지 말고, 자신의 처지에 낙담하지 말고, 주어진 상황에서 할 수 있는 작은 도전이라도 꾸준히 했으면 좋겠다는 겁니다. 작은 도전을 성공시켜나가다 보면 반드시 자신의 꿈에 도달한 나를 발견할 수 있으니까요.

앞으로 어떤 도전을 하고 싶나요.

먼저, 저는 2023년까지 1,000만 관객 영화의 주·조연이 되기 위해 달려갈 것입니다. 두 번째로 소년·소녀가장들에게 배움의 기회를 주기 위해 봉사할 것입니다. 저와 같은 처지의 아이들이 포기하지 않았으면 좋겠어요. 마지막으로는 동료 배우들을 코칭하고 싶습니다. 무명 배우들은 배역을 따내기도 힘들지만 운 좋게 배역을 맡더라도 이름을 알리거나 스타 반열에 오르기가 매우 어렵습니다. 이렇다보니 생계유지가 힘든 배우들이 많습니다. '배우'라는 꿈 하나만 바라보고 달려가는 동료들을 제 코칭으로 행복하게 해주고 싶어요.

지금도 계속 봉사활동을 하고 계시지요.

코치님 중 경기도 평택의 한 초등학교에 다니는 다문화 학생들을 위해 봉사하시는 분이 계세요. 그런데 학교에 프랑스어밖에 할 줄 모르는 학생들이 있다고 저한테 도움을 요청하시더라고요. 그 아이 중에서 특히 의욕이 없는 남학생이 "공부하면 뭐해요, 어차피 공장에서 일할 텐데"라고 말했다는 거예요. 그 얘기를 들으니 제 어린 시절을 보는 것 같아 당장 아이들을 도와야겠다고 결심했죠. 일단 제가 프랑스어로 말한다는 것에 아이들이 놀라워하고 신나 했어요. 또 제가 프랑스에서 살던 얘기를 들려주니까 의욕 없던 아이들도 마음을 열고 열심히 공부하기 시작하더라고요. 앞으로도 이런 활동을 통해 다문화 가정 아이들을 돕고 싶어요. 저도 힘들 때 따뜻한 시선, 작은 손길, 말 한마디가 큰 힘이 됐으니까요.

100세 시대에서 서른일곱이면 아직 절반도 안 왔잖아요. 앞으로 긴 여정을 가야 하는 동년배한테 조언 한마디 부탁드려요.

우선 자기 자신을 사랑하고 믿어주는 것이 중요합니다. 주변 사람들의 부정적 시선에도 제가 순간순간 선택과 집중을 할 수 있었던 이유는 제 자신을 믿었기 때문이에요. 그다음으로는 '진정한 나'를 알아야 합니다. '내가 지금 하고 있는 일에 만족하는가?' '무엇을 더 해볼 수 있지?' '내가 정말 원하는 게 뭐지?' 등 자신에게 진실한 질문을 던지고 답을 찾는 과정이 필요해요. 자기 안에 들어 있는 역량을 마음껏 발휘하기 바랍니다. 방법이 어렵다면 코칭 서적을 읽어보세요. 객관적으로 자기 자신을 알 수 있고, 또 다른 나를 찾을 수 있을 거예요. 또 다른 나에게도 기회를 주세요.

1,000만 배우가 되면 부모님을 찾게 될지도 모르잖아요. 부모님께 드리고 싶은 말이 많을 것 같아요.

엄. 마. 아. 빠. 35년 만에 입 밖으로 소리 내어 불러봅니다. 부르기만 했는데 가슴 한편이 내려앉으며 숨이 조여옵니다. 나중에 엄마를 만났는데 내가 너무 커버려서 몰라보면 어떡하지…. 시간이 이만큼 지나면 잊을줄 알았는데 그건 아닌가 봐요. 나 이제 엄마를 만나도 미워하지 않을 자신 있는데, 도대체 어느 지붕 아래에 살고 있어요. 당신 아들 얼마나 잘 컸는데…. 하지만 엄마, 당신 가슴에 큰 짐 지고 사시지 않기를 가장 먼저 기도합니다. 막연하게 보고 싶습니다.

▲ 2011년 세네갈 의료봉사 현장에서 아침 조회 중인
  이진선(제일 오른쪽)과 그 옆에 아내 박신영.

▼ 이진선의 가족 사진.
  왼쪽부터 아내 박신영, 아들 노엘, 이진선.

ajse**

하고 있는 아르바이트가 힘들어 힘이 많이 빠져 있었는데 이렇게 감동적인 스토리를 읽으니 다시 의지를 다잡게 하네요! 보이스코칭이라니 생소하지만 언젠가 꼭 만나 뵙고 싶네요.

yshe**

타인의 삶이 오랜만에 메마른 가슴을 뭉클하게 합니다. 말로 다 표현 할 수 없는 아름다운 여정에 감동을 받습니다. 이진선 코치님 내내 행복하시고 1,000만 관객 영화의 주연으로 만나길 응원합니다. 이진선 코치님을 「배양숙의 Q」를 통해 알게 되어 고맙습니다.

sent**

흡입력이 있어서 열심히 읽어내려가다가 마지막 문단에서 울었어요. 부산 국제시장의 중화요릿집 총각이 '코칭'을 만나 자신의 잠재력을 깨워 잘나가는 보이스 코치가 되기까지. 이진선 코치를 응원하고 싶은 인터뷰에요.

배우 송혜교와 송중기의 결혼에 버금가는 빅 뉴스였던 신애라와 차인
표의 결혼. 1990년대 최고의 스타였던 배우 신애라는 한국의 피비 케
이츠(Phoebe Cates)로 불리며 큰 인기를 끌었다. 결혼 후에도 꾸준히
작품 활동을 해오던 그녀는 2014년 잠정 은퇴를 선언했다. 미국 유학
을 위한 선택이었다. 최근 신애라는 미국에서 다양한 활동을 하고 있
다. 배우, 차인표의 아내, 세 자녀의 엄마, 가정사역(Family Ministry)
박사학위 과정을 밟고 있는 학생. 무엇보다 국제어린이양육기구인 한
국 컴패션(Compassion)의 홍보대사 활동에 집중하고 있다.

한국의 오드리 헵번

신애라

배우

후회 없는 삶을 고민하다

미국 캘리포니아 어바인(Irvine)에서 만난 배우 신애라 님은 소박한 옷차림에서도 자연스럽게 품위가 뿜어져 나오는 사람이었습니다. 가슴으로 낳은 두 딸의 학교 일로 늦었다며 황급히 인터뷰 장소로 들어오며 활짝 웃던 그의 미소는 참으로 빛이 났지요. 그에게서 이처럼 밝은 '아우라'가 느껴지는 이유가 외면의 아름다움 때문만은 아니었음을 인터뷰가 끝날 즈음 알 수 있었습니다. 어둡고 낮은 곳을 향해 두 팔을 활짝 펼쳐 품어주는 큰 사랑이 그의 내면에 가득했습니다. 신애라 님은 참으로 아름다운 사람입니다.

아름다운 사람 신애라.
2014년 잠정 은퇴를 선언한 후
미국에서 가정사역 박사학위 과정을 밟고 있다.
무엇보다 국제어린이양육기구인 한국 컴패션의
홍보대사 활동에 집중하고 있다.

현재 히즈대학교(HIS University)에서 가정사역 박사학위 과정을 밟고 있습니다. 또 한국 컴패션 홍보대사로 활동하고 있어요.

컴패션은 전 세계 25개국에서 가난으로 고통받는 어린이들과 1대 1로 결연을 맺어 그 어린이들이 성인이 될 때까지 전인적으로 양육하는 국제 어린이 양육기구입니다.

네. 그런데 이렇게 많은 아이를 후원하는 건 별로 좋지 않은 것 같아요. '양육'하기 위해서는 금전적인 후원도 중요하지만, 아이들과의 소통, 교류가 이뤄져야 하거든요. 저도 처음에는 제가 키우는 아이들의 이름을 다 기억하는 건 물론 편지도 제가 직접 읽고 답장을 보냈어요. 그런데 몇십 명이 넘어가다 보니까 이름을 기억하는 건 고사하고 편지도 일일이 보내주기

---

* 컴패션은 1952년 미국인 에버렛 스완슨(Everett Swanson, 1913~65) 목사가 한국 내 전쟁고아를 돕기 위해 설립했다. 이후 전 세계적으로 확대돼 현재 180만 명 이상의 어린이가 컴패션을 통해 양육받고 있다. 한국 컴패션은 가난했던 시절 한국이 전 세계에서 받았던 사랑을 갚고자 하는 마음을 바탕으로 2003년 설립됐다. 현재 약 12만 명의 전 세계 어린이가 한국 후원자들을 통해 양육받고 있다.

힘들더라고요. 저는 가난한 아이들의 삶을 현지에서 직접 봤기 때문에 후원자가 보내주는 편지가 얼마나 아이들한테 소중한지 알고 있어요. 그 때문에 명수가 중요한 게 아니라 단 한 명을 후원하더라도 그 아이와 진정성 있는 관계를 맺는 게 중요한 것 같아요. 그래서 저는 지금 제가 키우고 있는 아이들한테 많이 미안해요. 가장 중요한 걸 해주지 못하고 있으니까요.

컴패션은 어떤 아이들을 후원하나요.

컴패션은 단순히 못 먹고, 못 입는 것보다 기회의 부재를 진짜 가난으로 봅니다. 필리핀에는 쓰레기 마을이 있어요. 그곳에 사는 아이들은 쓰레기 더미에서 쓰레기를 주워 먹죠. 그런데 쓰레기를 주워 먹는다는 사실보다 쓰레기 더미에서 벗어날 수 없는 현실이 아이들을 더 비참하게 하는 거예요. 컴패션은 그런 아이들에게 쓰레기 더미에서 탈피할 수 있는 기회를 제공합니다. 물론 한 아이를 양육한다는 건 단순히 집 지어주고, 빵 나눠주는 것보다 훨씬 많은 시간과 노력이 필요해요. 하지만 제가 한 아이를 제대로 키운다면 그 아이가 나중에 1,000명, 1만 명을 도울 수 있죠.

한 아이를 성장시키고 독립시킨다는 점에서 후원자도 많은 보람을 느끼겠네요.

컴패션을 통해 후원하는 사람들은 모두 똑같은 얘기를 해

116

요. "분명히 우리는 누군가를 돕기 위해 시작한 건데, 왜 우리가 이렇게 행복할까?" 저도 비슷한 생각을 하던 중에 「마태복음」의 "네 이웃을 네 몸과 같이 사랑하라"라는 구절이 떠올랐어요. 그동안 저는 이 말씀이 누군가를 도우면 도움받는 사람이 행복해질 수 있다는 뜻인 줄 알았어요. 그런데 컴패션을 통해 이 말씀을 실천하면서 행복해지는 건 결국 나 자신이라는 것을 깨달았죠. 봉사하면 내 시간과 돈을 나눠야 하지만 그 어떤 것과도 비교할 수 없는 기쁨과 만족을 느낄 수 있어요.

가장 기억에 남는 아이는 누구인가요.

처음 홍보대사를 제안받았을 때, 필리핀으로 직접 갔어요. 컴패션이 어떤 곳인지, 어떤 일을 하는지 알아보기 위해서요. 거기서 리카라는 아이를 만났어요. 아홉 살도 안 된 아이였는데 눈망울이 너무 예쁘더라고요. 그 아이가 제 첫 딸이 됐어요. 제 아들하고 나이가 비슷해 더 기억에 남기도 해요. 리카는 후원하면서도 몇 번 만났어요. 필리핀으로 가족 여행 갔을 때, 한국 방송국에서 리카를 초청했을 때. 다만 리카의 고등학교 졸업식에 꼭 가고 싶었는데 가지 못한 게 너무 미안해요. 아마 리카가 컴패션을 만나지 못했더라면 제대로 배우지도 못하고 가난한 동네를 벗어나지도 못했겠죠. 하지만 다행히 컴패션을 만나 잘 자라줬고 대학까지 갔으니 한 사회의 중요한 구성원이 되리라 믿어요. 월 4만 5,000원이면 영화 한 편 보고 밥 한 끼

먹는 돈이잖아요. 이 돈이 누군가에겐 기회가 될 수도 있어요. 미래에 대한 희망이 없는 아이를 후원하고 배움의 기회를 제공하는 건 그 아이에겐 상상할 수 없는 기적이에요.

가정사역 박사학위 과정 중이신데, 우리에겐 조금 생소한 학문입니다.

가정사역은 '올바른 가정을 세우기 위한 과정'입니다. 그 과정에는 기독교 상담학, 기독교 상담을 교육할 수 있게 하는 기독교 교육학 그리고 기독교 심리학이 포함되어 있어요. 제 나름대로 정리한 것을 말씀드리자면, 심리학은 사람을 알아가는 것이고 상담학은 알게 된 사람들과 관계를 맺는 거예요.

어떤 사람을 알아가고 관계를 맺는 게 바로 사회생활이잖아요.

저는 심리학과 상담학이 대학에서 필수교양과목이 돼야 한다고 생각해요. 상담의 기본은 공감과 수용입니다. 공감하기 위해서는 먼저 다른 사람의 말을 경청해야 해요. 그다음에는 그 사람을 이해할 수 있어야죠. 이 사람과 내가 다르다는 걸 인정하는 겁니다. 사람을 흑과 백으로 나누는 게 아니라 그 사이에 수만 가지 색이 있다는 걸 받아들일 때 우리 사회는 훨씬 따뜻해질 거예요.

가정사역을 공부하게 된 특별한 계기가 있나요.

제가 하고 싶은 일이 가정사역과 맞닿아 있습니다. 저는 우리나라에 위탁과 입양을 적극적으로 장려하고 싶어요. 선진 국은 우리나라와 다르게 보육원이 없는 대신 위탁가정이 있어 요. 물론 위탁가정도 장단점이 있어요. 하지만 가정은 1대 1의 관계를, 보육원은 1대 다수의 관계를 형성하잖아요. 어린아이 일수록 1대 1의 관계가 필요하거든요. 물론 미혼모가 내 아이 를 키울 수 있는 사회환경이 만들어지면 좋겠지만 그게 힘들 다면 입양을, 입양이 힘들다면 위탁을 해야 한다고 생각해요. 저는 마땅히 사랑받아야 할 모든 아이가 가정을 경험하길 진 심으로 바랍니다.

세 명의 자녀를 키우고 계시잖아요. 아이들의 사춘기를 어떻게 보내셨나요.

사춘기의 가장 큰 특징 중 하나는 이치에 닿지 않는 궤변 을 늘어놓는 거예요. 아이들이 비논리적인 얘기를 당당하게 하 면 많은 부모가 놀라는데, 그게 정상입니다. 첫째 아들 정민이 와 관련된 일화가 생각나요. 하루는 정민이가 거짓말을 했고, 저는 거짓말인 줄 알면서도 넘어갔어요. 이처럼 사춘기 아이들 이 거짓말을 하거나 말도 안 되는 얘기를 하더라도, 일일이 따 지고 혼내기보다는 무조건 들어주고, 믿어주고, 관계를 좋게 이어나가는 게 중요해요.

중학교 정도 됐으면 아이들도 부모가 속아준다는 걸 알아요. 정민이도 제가 거짓말인 줄 알면서도 넘어갔을 때 죄책감을 가장 많이 느꼈다고 하더라고요. 사실 부모가 아이를 변화시킬 수 있는 시기는 사춘기가 시작되면서 끝나요. 그 때문에 가르치고 혼낼수록 관계만 틀어지게 되죠. 일단 믿어주고 관계를 좋게 이어가면 아이들은 돌아오게 돼 있어요. 대신 정말 반드시 지켜야 하는 것을 하나씩 요구하세요. 가령 "네가 밤 12시 넘어서 들어오는 건 엄마가 너무 걱정되니까 이건 지켜줬으면 좋겠어"라고 하는 식으로요.

훈육은 어렸을 때부터 이뤄져야 합니다. 그런데 훈육이 아이의 성적을 올리기 위한 수단이 되면 안 돼요. 아이의 인격을 키워주기 위한 방법이 돼야죠. 집에서도 충분히 공부할 수 있는데 왜 아이들을 학교에 보낼까요? 바로 사회가 어떤 곳인지, 그 안에서 어떻게 관계를 맺어야 하는지 배우도록 하기 위해서예요. 올바른 공동체 생활을 하려면 아이들의 인격과 인성이 우선 자라야 합니다. 그런데 우리나라는 공부를 잘해야만 좋은 아이인 것처럼 생각하고 있어요. 왜 우리가 아이를 키워야 하며, 왜 아이를 좋은 사회인으로 자라게 해야 하는지 생각해봐야 합니다. 그래서 저는 부모들을 대상으로 마음가짐을 바꿀 수 있는 교육을 하고 싶어요.

초보엄마 시절에는 어땠나요.

둘째 예은이와 막내 예진이는 가슴으로 낳은 딸들입니다. 예은이가 처음 우리 집에 왔을 때 정민이는 초등학교 1학년이었어요. 그때는 더 어린 예은이한테 집중해야 된다는 생각에 아직 어린 정민이를 밤늦게까지 학원에 보냈어요. 그렇지 않으면 저한테 계속 안기니까요. 초보엄마 시절 정민이를 키우며 많은 시행착오를 겪었죠. 지금 생각하면 너무 마음 아파요. 정민이가 저한테 가장 많이 하는 말이 "사랑해"이거든요. 아마 어릴 때 받지 못한 사랑을 채우고 싶은 마음에 그러는 건지도 몰라요. 이런 시행착오 때문에라도 저는 자녀가 대학교에 가기 전에 한 번은 부모한테 응어리를 풀어낼 시간을 줘야 한다고 생각합니다. 저도 정민이한테 그런 기회를 줬고, 맺힌 걸 다 풀었어요. 설령 자녀가 말도 안 되는 얘기를 하고, 잘못된 기억이 있더라도 무조건 들어주세요. 그 매듭을 한 번 풀고 부모를 떠나는 것과 매듭이 있는 채로 떠나는 것은 다르거든요. 매듭을 풀고 가면 부모가 해줬던 좋은 말들이 기억나지만 풀지 못하면 그 매듭밖에 기억나지 않아요. 지금은 외할아버지를 따라 실용음악을 공부하며 자신의 꿈을 향해 나아가는 정민이를 항상 응원하고 있답니다. 예은이는 아이들을 굉장히 좋아해서 유치원 선생님이 되면 좋겠다 싶고 예진이는 동물을 매우 좋아하니 수의사처럼 동물을 돌봐주는 일을 하면 좋겠다 싶어요. 저는 아이들이 원하는 꿈을 지지해주려고 해요. 세 아이가 잘 자라주고 있어 참 고맙기만 합니다.

엄마이기 이전에 딸이었잖아요. 어머니의 교육방침은 어땠나요.

어머니는 항상 저를 믿어주셨어요. 하지만 거짓말은 절대 용납하지 않으셨습니다. 늦게 들어와도 거짓말하지 않고 솔직한 상황을 얘기하면 이해해주셨죠. 성실성과 책임감을 강조하셨고, 더불어 사는 행위를 잘했을 때 칭찬을 많이 해주셨어요. 어머니의 이런 교육방침이 지금 제가 봉사하고 자녀들을 가르치는 데 많은 영향을 미쳤죠. 대신 공부하는 거에 대해선 절대 잔소리를 하지 않으셨어요. 그래서 저는 빨리 배우로서의 길을 걸을 수 있었습니다.

남편인 배우 차인표 님이 미국 할리우드 영화계에 진출했다고요. 아내로서 어떻게 내조하시나요.

남편은 현재 「헤븐퀘스트」(Heavenquest)*라는 영화를 찍

---

* 「헤븐퀘스트」는 기독교 고전인 존 번연(John Bunyan, 1628~88)의 『천로역정』을 현대적으로 각색한 액션 판타지 영화다. 차인표가 설립한 영화사 TKC 픽처스와 미국 영화제작사 '킹스트릿 픽처스'(King Street Pictures)가 공동제작하며 2018년 여름 개봉할 예정이다. 차인표는 주인공을 보호하는 역할을 맡았다.

고 있습니다. 소규모 기독교 영화인데, 원래는 투자만 하려다 출연까지 하게 됐어요. 최근에는 'TKC 픽처스'라는 영화사를 설립했습니다. 남편이 하고 싶은 일은 좋은 메시지의 글, 드라마, 영화를 만드는 거예요. 얼마 전 「50」이라는 단편영화를 직접 만들어 부천국제판타스틱영화제에서 상영하기도 했죠. 자기가 하고 싶은 일을 할 수 있다는 건 정말 행복한 거예요. 설령 그게 돈을 쓰는 일이더라도 남편이 좋아하면 저도 좋아요.

배우로서 많은 드라마에 출연하셨는데, 가장 기억에 남는 작품은 뭔가요.

아무래도 남편을 만나게 된 MBC 드라마 「사랑을 그대 품 안에」가 가장 기억에 남죠. 역시 MBC 드라마였던 「사랑이 뭐길래」도 지금 생각해보면 참 재미있는 작품이었어요. 그때는 신인 시절이라 정신없어서 잘 몰랐지만요. 그런 작품은 배우로서 인생에 한 번 만나기도 쉽지 않을 것 같아요.

닮고 싶은 배우가 있나요.

나문희 선생님이요. 인상도 너무 자연스럽고, 연기도 자연스럽게 하시잖아요. 너무 연기하는 것처럼 하기보다는 연기가 삶 같고, 삶이 연기 같죠. 저도 그렇게 편안한 배우가 되고 싶어요. 요즘에는 배우로서의 삶을 어떻게 마무리할지에 대한 고민도 많이 해요. 세기의 은막스타 엘리자베스 테일러(Elizabeth

Taylor, 1932~2011), 메릴린 먼로(Marilyn Monroe, 1926~62), 오드리 헵번(Audrey Hepburn, 1925~93).* 이 세 사람 모두 너무 아름답지만 마지막 모습은 각자 다르잖아요. 이들을 보며 많은 생각을 하게 되더라고요. 저는 개인적으로 헵번을 존경하고 그 발자취를 따라가고 싶어요.

100세 시대라고들 하잖아요. 인생의 절반 정도가 지났는데 남은 시간을 잘 살려면 어떻게 해야 할까요

잘 산다는 건 순간을 의미 있게 사는 거라고 생각해요. 과거, 미래도 아니고 지금 이 순간을 기쁘고 감사하게 사는 거죠. 지금 내 앞에 있는 이 사람, 나한테 놓인 이 상황이 지금의 나한테는 전부에요. 사실 저는 성격이 급해서 자꾸 미래를 보려고 해요. 아침밥을 빨리 차리려고 대화를 원하는 아이를 내친 적도 있죠. 하지만 그 아이는 몇 시간이 아니라 그저 5분 동안 눈 마주치고 안기고 잠깐 얘기하기를 원하는 것이거든요. 사실 그게 아침밥 빨리 차려주는 것보다 소중한 시간이잖아요. 그래서 요즘 저는 매일 밤 죽어요. 과연 나는 오늘 후회 없는 삶을

* "어린이 한 명을 구하는 것은 축복입니다. 어린이 100만 명을 구하는 것은 신이 주신 기회입니다." 헵번은 전 세계에 기부문화를 전파했다. 그는 1988년 유니세프 친선 대사가 된 후 세계 곳곳을 다니며 굶주림과 병으로 죽어가는 어린이들의 현실을 세상에 알렸다. 젊은 시절 은막의 스타로 전 세계인에게 받았던 사랑을 되돌려 줄 줄 아는 진짜 스타였던 것이다.

살았는지 반성하기 위해서요. 그리고 내일 후회하지 않으려면 어떻게 해야 할지 생각하고 노력해요. '내 인생이 오늘 끝난다면'이라는 생각을 늘 마음에 품고 삽니다.

신애라와 남편 차인표.
최근에는 한인가정상담소(KFAM) 행사에서 강연하기도 했다.
한인가정상담소는 '한인교포위탁아동'들이
'한인교포위탁가정'에서 자랄 수 있도록 돕고 있다.

이**

「마태복음」의 "네 이웃을 네 자신 같이 사랑하라"라는 말씀을 실천하며 살고 있는 신애라, 차인표 부부야말로 진정한 크리스천입니다. 응원의 박수를 보냅니다.

yooj**

연예인이면서 어머니, 아내 그리고 사회봉사 활동까지…. 정말이지 대단하십니다. 후광이 느껴집니다.

jjol**

정말 아름다운 분이세요. 순간을 의미 있게 살아야죠. 그러기 위해 오늘도 죽습니다. 근황이 궁금해서 검색하다가 좋은 인터뷰 보고 갑니다. 감사합니다.

lgrd**

아름다운 여자의 모습, 꿈을 이루는 모습 참 보기좋아요. 응원합니다. 사랑합니다.

스탠퍼드대학교 교육대학원 부학장 폴김은 한국에서 12년간 학교에
다녔다. 당시 하루가 멀다고 혼나고 맞고 창피당하는 '열등생'이었다
는 그는 누구보다 한국의 교육을 걱정한다. 폴김은 교육에서 '질문'
의 중요성을 강조하는데, 연장선에서 아이들이 스스로 생각하고 행동
하도록 개발한 '스마일'(SMILE) 프로젝트는 '2016년 유엔 미래교육
혁신기술'로 선정되기도 했다. 현재도 전 세계 개발도상국을 다니며
400만 명의 아이에게 '국경 없는 교육'을 실천하고 있다.

스탠퍼드대학교 부학장이 된 열등생

폴김
스탠퍼드대학교 부학장

티칭하지 말고 코칭하라

　폴김 부학장님을 인터뷰하는 내내 '정말 다행이다'라고 여러 번 되뇌었습니다. 한국에서 12년간 고통스러운 학교생활을 하던 그가 타향에서 스스로 좋아서 하는 공부의 즐거움을 깨우쳐 이제는 세계 각국을 돌며 그 가르침을 전파하고 있으니 말입니다. 그는 미국에서 만난 어느 교수님 덕분에 인생이 바뀌었다고 합니다. 스승 한 명이 또 스승의 진심 어린 교육법이 오늘날의 폴김 부학장님을 만든 것이지요. 그는 이제 스승으로서 전 세계를 돌아다니며 수많은 학생을 가르치고 있습니다. 그가 전하는 재미있고 감동적인 이야기를 듣다 보면 시간이 섬광처럼 지나갑니다.

스탠퍼드대학교에서 만난 폴김 부학장.
그는 아이들이 스스로 생각하고 행동할 수 있도록
교육해야 한다고 말한다.

저는 한국에서 학교에 다닌 12년 동안 단 하루도 학교를 좋아한 적이 없었습니다. 늘 맞는 학생이었으니까요. 초등학교 1학년 때는 이유를 모른 채 맞은 적도 있었습니다. 나중에 알고 보니 엄마가 학교에 오지 않는다는 것이 이유였습니다. 엄마가 와야 돈봉투를 주니까요. 저는 공부를 하고 싶지도 않았고, 잘 하지도 못하는 학생이었어요. 중학교 때도, 고등학교 때도 늘 맞았는데 그때도 사소한 이유 때문이었습니다. 엉뚱한 질문을 한다든지, 얼굴이 웃는 상이라 실실 웃는 것처럼 보인다든지 하는 이유로 저를 때렸어요. 맞을 때마다 억울했지만, 초등학교 1학년 때부터 학교에서 겪은 일을 부모님께 말씀드리지 않았습니다. 걱정 끼치는 게 싫었거든요.

아버지는 저를 매우 독립적으로 키우셨습니다. "어차피 네 인생은 혼자다. 아무도 너를 도와주지 않는다. 기대지 마라. 네가 스스로 생각하고 결정해야 한다"라고 항상 말씀하셨어요. 제가 뭘 하든 신경 쓰지 않고 방목하셨죠. 처음부터 그러셨던 건 아니에요. 일곱 살 터울 누나는 유치원이랑 학원도 보내고, 동화책도 많이 사주셨거든요. 그 동화책들은 다섯 살 터울 형을 거쳐 제게 오면서 전부 헌책이 되었죠. 중간중간 찢어지거나 훼손된 부분들이 많았습니다. 그래서 항상 책을 읽을 땐 내용을 상상하며 읽었어요. 그게 오히려 제 창의성을 기르는 데 도움이 된 것 같기도 해요. (웃음) 여하튼 부모님은 유치원은 물론이고 제가 가고 싶어한 트럼펫 학원, 컴퓨터 학원도 쓸데 없다며 보내주지 않으셨어요. 결국 트럼펫은 학교 동아리에 들어가서, 컴퓨터는 학원 창문 너머로 배웠죠.

'결핍'이 '의지'를 만든 셈이군요.

어렸을 때부터 '스스로 생각하고, 스스로 찾고, 스스로 결정하는 훈련'을 해온 겁니다. 부모가 자녀한테 직접 개입하는 순간 수동적으로 자라게 되거든요. 자기 주도적으로 성장해온 저는 학교에서 맞더라도 질문했고, 항상 제 생각을 과감히 발표했어요. 또 부모님이 공부에 대해 잔소리하지 않으셨기 때문에, 신문이랑 뉴스를 자주 봤습니다. 아버지가 스크랩해두신 기사들부터 주한미군방송(AFKN)까지요. 자연스럽게 학교 공부보다는 우리 사회의 여러 현안에 관심을 품게 됐죠. 전두환 정권 당시에는 시위, 고문 같은 안 좋은 일들이 많았잖아요. 학교에서 일어나는 부조리한 상황들, 공무원의 터무니없는 권한 행사도 봐왔고요. 그래서 한국사회 전반에 대해 불만이 많았습니다.

그래서 미국 유학을 결심하신 건가요.

132

'로마에 가면 로마법을 따르라'라는 말이 있잖아요. 결국 아무리 좋은 문화라도 내가 그 문화권 속에서 살지 않으면 알수 없거든요. 한국과 미국의 문화와 정치, 교육 등을 비교해보았을 때, 저는 미국이 좀더 나을 거라고 판단했고, 그렇게 미국유학을 결심했습니다. 앞서 말씀드렸듯이 저는 공부를 못했어요. 60명 중에 58등 한 적도 있을 정도로요. 당시 유학을 가려면 토플이랑 비슷한 시험을 통과해야 했어요. 그래서 동네에살던 외국인을 무작정 찾아가 영어를 가르쳐달라고 했죠. 어릴때 이해도 못 하면서 틀어놓은 주한미군방송도 도움이 됐고요. '두드리면 열리리라'라는 생각을 항상 했습니다. 어떤 일을 하려면 용감하고 두려움이 없어야 해요. 그렇게 시험을 한 번에통과했고, 미국 조지아에 있는 대학교로 유학 갔습니다.

조지아면 미국에서도 시골입니다. 시골 학교에서 혼자 적응하기 쉽지 않았을 텐데요.

학교에 도착하자마자 맥주 48캔을 샀어요. 그리고 "나랑친구 할 사람 공짜 맥주 준다. 내 방으로 와!"라고 쓴 종이를기숙사 방문에 붙였습니다. 학생들은 제 방으로 몰려들었고, 하루 만에 교내 스타가 됐어요. 친구가 많으니 영어도 빠르게늘었죠. 영어를 제대로 배우고 싶다면 한국인이 없는 시골에서 2년만 살면 됩니다. 다만 저처럼 시골 사투리를 얻게 될지도몰라요. (웃음)

첫 학기에 실수로 음악감상 수업을 들었어요. 매주 클래식 음악을 듣고 다섯 장짜리 감상문을 써내야 했는데, 저는 영어 실력이 안 됐거든요. 처음에는 "This is good music"이라고만 써냈어요. 교수님은 저를 불러 왜 감상문을 이렇게 써냈는지 설명해보라고 하셨죠. 할 말은 많은데 영어로 쓰려니까 힘들다고 솔직하게 말씀드렸어요. 그랬더니 다음부터는 한국어로 감상문을 써오라는 거예요. 그리고 본인 앞에서 사전을 이용해 한 단어도 빼놓지 말고 영어로 설명하라고 하시더군요. 그래서 제 한국어 감상문을 한 시간 동안 더듬더듬 번역하며 설명했어요. 교수님은 "이건 영어 수업이 아니다. 음악 수업이다. 난 네 영어실력을 시험하려는 게 아니다. 넌 음악적 재질이 있다"라고 말씀하시며 제게 A+를 주셨어요. 한국에서 매일 꾸중만 듣던 제가 칭찬을 듣고 우수한 성적을 받으니 자신감이 충만해졌습니다. 이후 중화요릿집 배달, 자동차 딜러 보조, 액세서리 판매, 노인 대상 컴퓨터 교육 등 다양한 아르바이트를 경험했고 컴퓨터공학 전공으로 졸업했어요.

학부를 마치고 한국으로 귀국했는데, 갑자기 아버지가 돌아가셨어요. 가장으로서의 무게를 느꼈고 공부를 더 해서 확실한 진로를 정해야겠다고 생각했죠. 그래서 미국으로 돌아가 서

던캘리포니아대학교(USC)에서 석사학위 과정을 시작했어요. 그러던 중 수희라는 아이를 만나게 됐어요. 수희 할머니께서 저를 찾아와 도움을 구하신 게 계기가 됐습니다. 수희는 당시 초등학교 4학년이었는데, 이혼가정에서 자라 글을 읽을 줄 모르는 아이였죠. 처음 만난 날 동화책을 읽어보라고 했어요. 곧잘 읽길래 가만히 살펴보니, 글을 읽는 게 아니라 그림을 보고 이야기를 만들어내고 있더군요. 학교에서는 어떻게 수업을 따라가느냐고 물었더니, 학교에서도 글 읽는 척을 할 뿐이고, 선생님이 뭔가를 시키는 게 두렵다고 하더라고요. 수희에게 글을 빠르게 가르칠 수 있는 방법을 고민했지요. 지금 알고 있는 것, 할 수 있는 것에서부터 출발해야겠다고 생각했어요. 수희가 하루 일과를 얘기하면 그 내용을 타이핑한 글을 보여주며 단어를 가르쳤습니다. 중간에 모르는 단어가 있더라도 본인이 얘기한 내용이니 읽을 수 있거든요. 그렇게 '읽을 수 있다'는 자신감을 불어넣어 주니 금방 배우더라고요. 수학은 동전을 하나씩 세며 곱셈, 나눗셈을 가르쳤어요. 수희는 지금 명문대 경영학과에 전액 장학금으로 입학해서 공부하고 있습니다.

특별한 코칭 덕분에 수희의 인생이 바뀌었네요.

첫 유학, 첫 수업에서 만난 음악교수님 덕분에 저도 이렇게 변할 수 있었던 겁니다. 그분을 만나지 못했더라면 이런 교육법을 생각해내지 못했을 거고, 수희에게 도움을 주지 못했을

지도 모르죠. 이렇게 세 가르침으로 누군가의 인생을 바꾼 경험이 교육공학자의 길을 걷게 된 계기가 됐습니다. 좋은 선생님이 되려면 '티칭'(Teaching)하지 말고 '코칭'(Coaching)해야 합니다. 음악교수님이 제게 그리고 제가 수희한테 그랬던 것처럼, 가르치려 하지 말고 학생 개개인의 특성과 성향에 따라 스스로 할 수 있도록 이끌어줘야 해요. 모든 학생은 국가대표이고, 금메달을 딸 수 있는 가능성이 있는 아이들이거든요. 아이의 흥미와 동기를 유발해서 그 가능성을 실현시켜주는 것이 교육자의 역할입니다. 저는 한국에서 '문제아'로 치부되는 아이들을 만나보고 싶어요. 그 아이들은 자신의 재능을 찾지 못했을 뿐, 문제아가 아니거든요.

수희 말고도 특별히 기억에 남는 학생이 있나요.

타라(Tara)라는 아이가 가장 기억에 남습니다. 타라를 코칭할 때 59번이나 실패를 겪었습니다. 60번째 도전에서 성공했죠. 실패에 실패를 거듭하면서 우울증이 생길 정도로 괴로워했지만, 포기하지 않고 계속 코칭했습니다. 타라와 같은 처지의 저소득층 자녀들이 과학과 엔지니어링을 공부해 세상의 리더가 되기를 바랐습니다. 이 일 외에 다른 일에는 보람을 느끼지 못한다는 생각으로 노력한 덕분에 지금은 저소득층 자녀들에게 과학과 엔지니어링 그리고 창업을 가르치는 단체를 운영하고 있습니다. 저는 타라를 본 이후로 학생들을 코칭할 때

60번 실패하지 않았다면 포기할 자격이 없다고 얘기합니다. 만약 60번 시도했는데도 안 되면, 그때는 제가 모두 책임지겠다고요. 다행히도 스탠퍼드대학교에서 재직하는 16년 동안 제게 책임지라고 찾아오는 학생은 없었습니다. 사실 실리콘밸리에는 타라 같은 학생들이 많습니다. 저를 만나기 위해 스탠퍼드대학교 학생은 물론 세계 각지에서 사람들이 찾아오는데, 아무리 시간이 없더라도 모두 만나려고 합니다. 그 작은 만남을 통해 한 사람의 인생이 바뀔 수 있고 세상에 좋은 일이 생길 수 있다면, 그보다 보람된 일은 없기 때문이죠.

부학장님 자녀들은 어떻게 코칭하고 계신가요.

어릴 때부터 스스로 결정하고 책임지는 방법을 아이들에게 가르쳐야 자기 주도적인 아이로 성장할 수 있습니다. 그래서 제 두 딸도 부모님이 제게 하셨던 것처럼 방목하며 키우고 있어요. 학교 가기 싫으면 가지 말라고, 숙제하기 싫으면 하지 말라고 하죠. 저는 무슨 일이든 아이들이 하고 싶은 마음이 들었을 때 하는 게 가장 효과적이라고 생각해요. 그래야 아이들 스스로 무엇을 좋아하는지 알 수 있거든요. 제 역할은 아이들이 하고 싶은 일이 있을 때 독려해주고, 약간의 금전적 지원을 해주는 것밖에 없어요. 우리나라 부모들은 내 아이가 조금만 어긋나는 것 같으면 불안해하잖아요. 남들 하는 대로 하면 중간이라도 간다는 생각으로 아이들을 그 길로 이끄는데, 그게 오히려 아이를 망치는 길입니다. 대학을 보내야 한다는 강박관념에서 벗어나 자녀가 하고 싶은 일을 할 수 있도록 가능성을 열어주세요.

방목하면서도 제대로 된 인성을 길러주는 방법이 있나요.

저는 아이들에게 세상 모든 곳이 평화롭지만은 않다는 걸 보여주려고 노력합니다. 인도 콜카타(Kolkata)에 있는 '마더 테레사 하우스'*에서 봉사하며 생활하게 하기도 했죠. 인도까지 가는 왕복항공권과 시내교통비만 지원해주고 스스로 찾아가게 했습니다. 저 역시 고등학교 때부터 혼자 꽃동네에 가서 봉사하곤 했거든요. 꽃동네 초입에 '내가 나 스스로 먹을 수 있는 힘만 있어도 축복입니다'라고 적힌 팻말이 있어요. 그 글귀를 보고 생각해보니 저는 스스로 할 수 있는 일이 정말 많더라고요. 축복받은 사람인 거죠. 이런 메시지를 아이들이 몸소 느끼길 바라요.

두 딸은 어떤 일을 하고 싶어 하나요.

첫째는 이곳저곳 가보는 걸 좋아하고 사회현상에 관심이

---

* 마더 테레사 하우스는 테레사 수녀가 마지막 생애를 보냈던 봉사활동센터다. 수녀님과 면담을 통해서 어떤 봉사를 할지 결정한다. 마더 테레사 하우스에서 세계 각국의 여행자들과 함께 봉사하다 보면 그저 남을 돕는 것을 넘어 스스로 성장하게 된다.

많아요. '왜?'라는 질문을 많이 하죠. 한번은 제가 교육 프로젝트로 인도네시아 시골에 갈 일이 있었는데, 거의 오지에 가까운 그곳까지 스스로 찾아온 적도 있어요. 지금 캘리포니아대학교 로스앤젤레스캠퍼스(UCLA) 통계학과 3학년이에요. 빅데이터의 중요성을 인지한 겁니다. 원래 수학을 못하는 아이였는데 유튜브를 보고 스스로 공부했어요. 둘째는 스페인에 대해 공부하는 걸 좋아합니다. 그래서 콜롬비아에 있는 제 스페인인 친구 집에서 혼자 공부하고 오기도 했어요. 이렇게 모험을 한 번 하고 그 일이 잘되면 자신감이 생기고 두려움이 없어집니다.

요즘 젊은이 사이에서 '모범생이 되기보다는 모험생이 되겠다'라는 말이 유행하고 있어요. 모험생이 되려면 어떻게 해야 하나요.

일단 스스로 생각하고 결정하는 능력을 키워야 해요. 그러려면 두려움이 없어야 하고요. 보통 두뇌의 절반은 두려움에 감싸져 있어요. 학교나 직장 등, 내가 속한 모든 곳에서 겪는 모든 일의 절반이 두려움에 감싸여 있기 때문에 역량을 최대한 발휘하기 힘들죠. 이런 두려움은 '혹시 잘못되지 않을까? 실수하지 않을까?'라는 생각에서 비롯돼요. 그리고 이런 생각은 본인이 속한 사회문화와 관련돼 있습니다. 예를 들어 저는 학교에서 '바보'라는 말을 너무 많이 들었어요. 사실 아이들한테 절대 그런 말을 하면 안 되거든요. '너는 할 수 있어. 국가대표감이야.' 이런 긍정적인 말을 계속해줘야죠. '칭찬은 고래도 춤추게 한다'라는 말이 있잖아요. 자기 자신에 대한 신뢰가 생기면 두려움이 없어지고 내가 몰랐던 역량까지 끌어낼 수 있어요.

한국에는 명문대에 다니면서도 자존감이 낮은 학생들이 많습니다.

한국의 주입식·암기식 교육은 아이들을 수동적인 사람으로 키웁니다. 그뿐만 아니라 개개인의 재능을 무시하고 획일화시키죠. 한국 학교의 교육지침을 보면 1년 동안 채워야 할 공부량이 정해져 있어요. 선생님들은 그 할당량을 채우기 바쁘죠. 애들이 알아듣든 말든 일단 가르치는 거예요. 저는 이걸 '콩나물식 교육'이라고 부릅니다. 콩나물을 심어놓고 물을 부으면 99퍼센트의 물은 빠져나가거든요. 이런 교육을 받은 아이들은 성인이 돼서도 계속 수동적으로 눈치만 볼 수밖에 없어요. 한국은 대학에 가서도 교수의 농담까지 받아 적는다고 하더군요. 한국 명문대에서 A+ 학점을 받는 가장 효과적인 방법은 교수의 말을 빠짐없이 암기하는 것이라는 연구까지 있으니, 문제가 심각하죠. 우리나라도 자기 주도적 학습을 통해 스스로 생각하고 행동하는 아이로 성장시키는 교육 시스템을 갖춰야 합니다.

한국 대학의 고질적인 문제는 다양성을 추구하지 못하는 것입니다. 고인 물이 썩는 거죠. 저는 한국 대학이 바뀌려면 학생의 반, 교수의 반, 총장과 부총장의 반은 여자, 반은 외국인이어야 한다고 생각해요. 이 정도의 변화는 각오해야 글로벌 대학이 될 수 있어요. 하지만 현재 한국의 명문대들은 변화를 추구하지 않는, 무늬만 글로벌 대학일 뿐입니다. 스탠퍼드대학교에는 대학 수준과 학교 수준에 따라 다양성을 연구하는 임직원이 따로 있습니다. 학생의 다양화, 교수의 다양화를 추진하는 것이 목적이죠. 이제 우리나라도 네팔, 방글라데시, 가나의 유능한 사람이 명문대 교수 또는 대기업 임원이 될 수 있어야 해요. 성별의 다양성, 인종의 다양성, 생각의 다양성을 추구하는 대학과 기업, 나라만이 살아남을 수 있습니다.

'나'라는 주체와 사회, 국가, 세계 그리고 지구의 관계에 대한 생각이나 관점을 정립시켜주는 교육이 필요합니다. 예를 들어, 아프리카 아이들이 납치를 당해 죽었다는 뉴스를 봐도 아무것도 느끼지 못하는 아이들이 있어요. 자기와 관련이 없다고 생각하는 거죠. 사회적 관념이나 책임감이 전혀 형성돼 있지 않다는 겁니다. 한국은 세계시민의식 교육을 제대로 하지 않고 있어요. 시험에도 안 나오고, 대학 입시에도 반영되지 않기 때문이죠. 글로벌 시대에는 다른 나라의 아이들이 어떤 환경에서 어떤 어려움을 겪고 있는지, 평화롭고 긍정적인 세상을 만들기 위해 내가 어떻게 이바지할 수 있는지에 대한 교육이 필요해요. 그리고 세계시민의식과 책임감을 글로벌 리더십을 평가하는 항목으로 설정해 대학 입시에 반영해야 한다고 생각합니다.

다양성이 없고 획일화된 한국 교육의 변화를 기대합니다. 교육의 궁극적인 목적은 뭘까요.

우리는 모두 색깔과 종류, 크기가 다른 고통과 고충을 가지고 있습니다. 교육은 서로의 고통에 공감하고 그것을 덜어주는 혁신을 디자인해 함께 공공의 선(善)을 이루는 것을 배우는 과정이라고 생각합니다. 학교는 공감할 수 있는 인성을 길러주고, 모든 지식을 동원해 솔루션을 함께 만들고 경험해보는 곳이고요. 얼마 전 지역이기주의 때문에 장애인을 위한 의료시설 건설을 반대하는 사람들을 취재한 한국 뉴스를 봤습니다. 인간애가 사라져가고 있는 듯해 매우 안타까웠어요. 미국에서는 장애인의 교통 도우미가 따로 있을 정도로 장애인에 대한 사회적 배려 수준이 높거든요. 지금 한국에서는 공공 부문에 대한 교육이 잘 이뤄지고 있지 않잖아요. 시민의식을 키워주기 위해서는 어렸을 때부터 다양성과 인간애에 대해 교육해야 해요. 그리고 이런 교육을 하기 위해서는 교육자부터 바뀌어야 합니다. 실리콘밸리에는 자원봉사자들이 무료로 강아지를 훈련시키는 곳이 있어요. 어느 날 그곳을 지나가는데, 어떤 할머니가 무릎을 꿇고 강아지가 바닥에 싼 오줌을 열심히 닦고 계시더라고요. '무릎도 안 좋으실 텐데 이렇게 자원봉사를 하시네' 하고 자세히 얼굴을 보니, 스탠퍼드대학교 부총장님이시더군요. 스탠퍼드대학교가 원래 권위주의도 없고, 상당히 합리적인 문화가 강한 곳이긴 해요. 하지만 그 정도 위치에 계신 분이 주위 시선을 아랑곳하지 않고 봉사하는 모습은 신선한 충격이었습니다. 말로만 가르치지 않고 몸소 실천하는 교육자의 모습을 보았죠.

현재 교육 관련 봉사를 하고 계시지요.

비영리 국제교육재단인 '시즈 오브 임파워먼트'(SEEDS OF EMPOWERMENT)를 운영하고 있습니다. 씨앗(seeds)이 힘을 담지(empowerment)하고 있다는 뜻입니다. 제 역할은 그 씨앗을 이식(plant)하는 겁니다. 자신이 도움받는 모든 것을 스스로 깨우쳐서 자기 자신을 스스로 돕게끔 하는 거죠. 우리가 무언가를 대신해주면 사람들이 수동적으로 변하기 마련이거든요. 이런 문제를 막기 위해 씨앗을 심기만 하는 겁니다. 교육의 전략과 방법을 알려주면 그들이 스스로 할 수 있도록요. 이런 식으로 꾸준히 전 세계 개발도상국을 다니며 열악한 교육 환경에 놓인 아이들을 돕고 있어요. 시즈 오브 임파워먼트가

하고 있는 다양한 프로젝트 중 스마일 프로젝트는 2016년 유
엔 미래교육 혁신기술로 선정되기도 했어요.

스마일 프로젝트를 설명해주세요.

'SMILE'은 'Stanford Mobile Inquiry-based Learning'의
약자로, 모바일 학습을 활용해서 어떻게 고등(高等) 사고력을
개발할 수 있을지 고민하다가 구상한 프로젝트입니다. 저는 질
문의 수준을 보면 학업 성취도를 알 수 있다고 주장하거든요.
그래서 학생들이 질문을 잘하고, 많이 하고, 양질의 질문을 개
발할 수 있도록 하기 위해 스마일 프로젝트를 기획했습니다.
전 세계 학생들은 브라우저(browser)가 있는 기기만 있으면 스
마일 플러그(plug)에 연결해서 모바일 교육 프로그램에 참여할
수 있어요. 프로그램은 클라우드(cloud) 기반으로 연계돼 실시
간으로 학생들이 어디에서 어떤 활동을 했는지, 또 어떤 질문
을 얼마나 했는지 분석할 수 있습니다. 이처럼 스마일은 양질
의 수업을 제공합니다. 아이들에게 스스로 질문을 끌어내고 해
답을 유추할 수 있는 능력, 즉 고등 사고력을 키워주는 것이죠.
그리고 수업 데이터 분석을 통해 프로그램에 관한 전 세계 아
이들의 생각을 파악할 수 있습니다. 제가 볼 때 앞으로 모든 트
레이닝 교육환경에는 스마일 같은 교육기술이 필요합니다. 특
히 효율성이 아니라 질문 중심의 프로그램이라는 점에서요.

마지막으로 100세 시대를 살아가는 한국 청년들에게 한 말씀 부탁드립니다.

저는 허리에 통증을 달고 삽니다. 공부하면서 오랫동안 앉아 있는 바람에 생긴 것이지요. 시간이 흐르면서 통증이 악화되었지만 전 어떻게든 이 통증을 다루는 방법을 배웠습니다. 2005년 처음 멕시코로 교육봉사를 하러 갔을 때도 장시간 앉아서 이동하는 동안 고통을 참아내야만 했습니다. 하지만 전 이 통증을 오히려 감사하게 생각합니다. 다른 사람의 통증을 금방 이해할 수 있거든요. '날 죽이지 못하는 것들은 날 더 강하게 한다'(If it doesn't kill you, it makes you stronger)라는 말이 있습니다. 나 자신을 죽이지 못하는 시련과 고난은 결국에 극복될 것이고, 그것은 나를 강하게 할 뿐 좌절하거나 포기하게 하진 못한다는 뜻이죠. 우리나라 청년들도 고통이나 어려움이 있다고 해서 낙심하고 좌절할 것이 아니라 긍정적으로 생각했으면 좋겠습니다. 아주 신 레몬밖에 받지 못했다면, 레몬 주스를 만들면 되는 겁니다. 우리나라의 청소년 자살률이 경제협력개발기구(OECD) 국가 중 1위라고 하더군요. 참으로 안타까운 현실입니다. 학교에서도 아이들이 용기와 희망 그리고 긍정의 사고를 할 수 있도록 이끌어주길 바랍니다.

▲ 탄자니아를 방문해 스마일 프로젝트로
아이들을 가르치고 있는 폴김 부학장.

▼ JTBC 교양프로그램 「차이나는 클래스」에 출연한 폴김 부학장.
교육에 관한 새로운 화두를 던지는 방송이었다.

smil**

교육의 진정한 의미, 선택의 연속인 삶에서 무언가를 결정한다는 것에 대한 의미를 깊이 생각해보게 하는 인터뷰입니다. 지금의 저에게 필요한 이야기들이 있어 용기와 희망을 얻고 갑니다! 저도 바로 실천하겠습니다. 부학장님 감사합니다.

repl**

기사 읽으며 부모로서 많은 반성과 깨달음이 있었습니다. 좋은 기사 읽을 수 있어 감사드립니다.

arch**

진짜 교육이 무엇인지를 보여주는 글이네요. 이제 코칭 중심으로 아이들이 자유롭게 모험할 수 있는 교육이 이뤄지길 바라봅니다.

jyj8**

교육이 무엇인지 다시 생각해보게 하는 기회가 되었습니다.

2017년 9월 서울에서는 특별한 행사가 열렸다. 124개국, 3만여 명의 건축인이 함께하는 전 세계 건축인의 축제, 제26회 UIA 2017 서울 세계건축대회가 열린 것이다. UIA는 건축계 올림픽이라 불리며 3년에 한 번 개최된다. 그 축제의 현장에서 단연 돋보이는 이들이 있었으니, 바로 '자하 하디드 건축사무소'(Zaha Hadid Architects)의 신임 대표인 패트릭 슈마허(Patrik Schumacher)와 한국의 젊은 건축가인 DA 그룹 전무 김한기, KEAB 건축디자인 대표 백희성이다. 이들은 오늘날 건축의 최전선을 누비는 프로다.

건축의 길을 걷는 시간

패트릭 슈마허
자하 하디드 건축사무소 대표

김한기
DA그룹 전무

배희성
KEAB 건축디자인 대표

꿈을 설계하는 건축가

세계적인 건축가 자하 하디드(Zaha Hadid, 1950~2016)의 오른팔이었던 슈마허 대표님은 벅찬 과제를 수행 중입니다. '직관적인 천재'였던 하디드의 DNA를 발전시키면서 동시에 '슈마허의 하디드'를 구현해야 하는, 현직 건축가 중 가장 힘든 일을 맡았기 때문입니다. 하지만 그는 위축되지 않습니다. 오히려 "이건 내 인생의 과업이다. 이 기회를 놓친다는 건 비극이다"라고까지 말합니다. 슈마허 대표님이 운영하는 자하 하디드 건축사무소의 '내일'이 궁금해지는 이유입니다. 더불어 각각 영국과 프랑스에서 공부한 김한기 전무님과 백희성 대표님이 보여줄 한국 건축의 '내일'도 기대됩니다.

왼쪽부터 슈마허, 김한기, 백희성.
김한기는 영국 AA School 출신이고
백희성은 프랑스 장누벨건축사무소 출신이다.
김한기가 활동하는 DA그룹은
친환경적 가치에 입각한 디자인을 모토로
새로운 건축 영역에 도전하고 실험하는 젊은 건축집단이다.
백희성이 대표를 맡은 KEAB 건축사무소는
'기억의 재구성' '이야기를 담는 그릇' '보이지 않는 것'에 집중한다.

슈마허 저는 동대문디자인플라자(DDP) 프로젝트를 수행했기 때문에 서울에 대해 익히 알고 있습니다. 강남지역뿐만 아니라 강북지역의 아름다운 고궁과 시청 등 주요 건물에도 익숙하죠. 현재는 강남에 지어지게 될 현대타워 공모전에서 참가 중이에요. 저는 서울이 세계에서 가장 큰 도시 중 하나라고 생각합니다. 지난 토요일 김포공항에 도착해서 서울에 도착하기까지 두 시간이 걸렸습니다. 제주도에서 서울까지 비행기로 한 시간이면 올 수 있는데 말이죠. 그때 서울의 규모를 느낄 수 있었습니다. 이처럼 우리는 현재 메가시티(거대도시)의 시대에 살고 있습니다. 그리고 서울은 베이징, 런던이 겪고 있는 메가시티의 문제점들에 맞닥뜨리고 있어요. 많은 유동인구를 고려해 서울의 중심을 새롭게 창조하는 일이 중요하다고 생각합니다.

슈마허 저는 도시에서의 보행에 관심이 많습니다. 2016년 12월에는 '보행 가능한 런던'에 관한 연구보고서를 내기도 했어요. 현재 서울을 비롯한 많은 도시가 보행자를 충분히 고려하지 않고 있습니다. 도시에는 시민이 걷고 모일 수 있는 공공

공간이 필요해요. 이런 공간은 민간개발자가 관리하더라도 공공적으로 사용돼야 합니다. 일종의 사회적 공헌이죠. 공공 공간의 예로 지상과 연결된 지하 쇼핑몰이 있습니다. 지하 쇼핑몰을 거닐다 보면 수많은 보행자를 볼 수 있습니다. 차량정체가 없기 때문이죠. 지하 쇼핑몰에 사람들을 모으기 위해서는 지하철과 지하도 시스템을 이용하는 것이 중요합니다.

강남권 광역복합환승센터 프로젝트를 진행하고 계시다고요.

슈마허 강남은 비즈니스, 상업, 문화가 얽혀 있는 곳입니다. 특히 지하 쇼핑몰 규모는 매우 놀라울 정도죠. 이 다양한 요소들의 얽힘을 풀어내고 확장·연결하는 것은 매우 특별하고 흥미로운 일이라고 생각해요.

동대문디자인플라자 프로젝트는 건축 과정에서 유적이 훼손됐다는 지적을 받기도 했습니다.

슈마허 동대문디자인플라자 프로젝트 도면을 처음 발표했을 때, 건축 비평가와 다른 건축가에게 많은 비판을 받았습니다. 저는 박원순 서울시장에게 건축심사원의 결정을 믿어야 한다고 말했어요. 결국 동대문디자인플라자 프로젝트를 마무리했고, 지금은 우리가 자부하는 가장 유명한 건축물 중 하나가 되었죠. 동대문디자인플라자는 즐길 만한 수많은 공공 공간과 연결되어 있고, 즐길 수 있는 공간, 전시공간 등도 많아요. 역사 유적과의 통합도 잘 이뤄졌다고 생각합니다. 대중의 비판이 나쁘지만은 않아요. 오히려 좋은 것이죠. 그러나 프로젝트의 결정은 책임 있는 결정권자의 몫입니다. 건축가는 새로운 시대를 만들 필요가 있어요. 기존 시대를 따르기보다는 새로운 시대에 걸맞은 새로운 의견을 만들어야 해요.

2007년 전 세계가 두바이를 연호하던 때, 저는 아름다운 곡선의 거대한 빌딩들이 숲을 이루는 모습을 현장에서 지켜봤습니다. 그때를 기점으로 곧게 뻗은 직선형 고층건물들이 곡선형태를 띠기 시작했는데, 하버드대학교에서 강의하셨던 '파라메트릭'(parametric)이 떠올랐습니다.

슈마허 2007년까지 건축계는 상징적 건물을 경쟁하듯 만들어냈습니다. 하지만 상징적인 측면을 너무 부각한 나머지 올바른 정체성을 형성하지는 못했어요. 저는 건물 하나만으로는 올바른 정체성을 형성하기 어렵다고 생각합니다. 건물들이 서로 융합해 상승효과를 내야죠. 또 도시에서의 집단정체성을 창조하기 위해 서로 연결돼야 합니다. 동대문디자인플라자에 곡선을 사용한 것은 유기적인 배치를 만들기 위해서였습니다. 비정형 곡선형태는 복잡한 도시에서 공간을 더욱 쉽게 이해할 수 있도록 해줍니다. 우리 주위에 많은 비정형의 사물과 지형 그리고 곡선 도로가 있는 것도 그 이유예요. 도시의 비정형적 형태를 따라가는 것은 곧 도시에 순응하는 것입니다. '파라메트릭' 스타일은 해체주의에서 진화했습니다. 서로 방해하는 공간들을 충돌시키며 복잡하고 다채로운 형태를 만들어 내죠. 우리는 복잡하고 서로 영향을 주는 삶을 살고 있기 때문에 더 이상 단순하고 분리된 형태에 순응할 수 없습니다.

중국의 '789 Art Zone'을 2012년과 2014년에 방문했는데, 2년 만에 낡아 버린 모습에 놀랐습니다. 두바이도 비슷한 상황을 겪었죠. 유행처럼 새로운 건축물과 도시가 우후죽순으로 생겨나고 있습니다. 인간의 무분별한 욕망이 낭비를 낳는 건 아닌지요.

슈마허 메가시티는 계속 유지될 겁니다. 거대도시가 쇠퇴해 소도시가 되는 것은 거의 불가능한 일이니까요. 예외적으로 미국 디트로이트는 1920~40년대까지는 활성화된 대도시였다가 1980~90년대에 쇠퇴했습니다. 이런 경우는 매우 드물어요. 지역에는 생명체와 흡사한 신진대사 시스템(Metabolism)이 있습니다. 어떤 지역이 쇠퇴하면 새로운 지역이 나타나기도 하고, 쇠퇴 지역이 재생 과정을 통해 다시 소생하기도 하죠. 그 때문에 도시의 변화를 막고 보존에만 힘써서는 안 됩니다. 이는 도시 재생 과정을 늦추는 것이니까요. 특별한 건물들에 대한 역사적 보존은 괜찮지만, 너무 많은 것을 보존하려고 할 필요는 없습니다. 모든 지역은 변화가 필요해요.

다이아몬드 건축사사무소 조원용 대표님은 "이 땅의 건축문화는 건축가가 아니라 그에게 기회를 준 건축주(기업가)가 만든다고 해야 옳다"라고 말했습니다. 이에 대해 어떻게 생각하시는지요.

슈마허 그의 말에 동의합니다. 건축가는 자신의 프로젝트에 도움을 줄 수 있는 혁신적인 건축주와 일하기를 원해요. 하지만 대부분 대중은 새로운 건축물을 받아들일 준비가 돼 있지 않아요. 소수의 건축주는 기꺼이 이런 위험을 감수하고 새로운 건축물을 완성해 보이죠. 저는 지금 '메가 아트리움'이라는 새로운 프로젝트를 진행하고 있습니다. 내부를 움푹하게 파내 모든 요소가 서로 연결되고 서로 볼 수 있도록 한 타워를 구상하고 있죠. 이는 기존 타워들과 개념부터 다른 급진적인 아이디어예요. 하지만 저는 이 프로젝트가 유명해질 거라고 확신하고 있고, 저와 함께할 건축주를 찾고 있습니다. 미래의 요구와 욕망을 이해하고, 개혁안을 시장에 제시하는 것은 건축주, 즉 기업가의 임무입니다.

김한기 저도 이런 의견에 100퍼센트 동의합니다. 결국 건축도 자본에서 완전히 자유로워질 수 없거든요. 런던에서 10년 넘게 일하면서 느낀 건, 건축주가 더 현명하고 철저하게 건축물을 관리한다는 것입니다. 건축주의 개발경험이 부족할 경우, 사업관리(PM, Project management)사가 기획·관리를 진행합

니다. 적산사(QS, Quantity Surveyor) 또한 프로젝트 관리에 중
요한 역할을 하고요. 하지만 한국은 그런 시스템이 잘 갖춰지
지 못한 것 같습니다. 혹자는 한국에서 이뤄지는 건축주와 건
축가 간의 계약을 '을사늑약'이라 표현하더군요.

백희성 좋은 건축주는 건축가와의 소통에서 만들어지기도
합니다. 제게는 '기억'이 가장 중요한 건축재료인데, 도시도 기
억을 담고 있고 사람도 기억을 담고 있어요. 사물 또한 기억을
담고 있죠. 그래서 설계를 할 때 건축주의 기억과 땅의 기억에
집중합니다. 그럼 설계 과정에서 건축주는 자신에게 정말 중요
한 삶의 가치관이 무엇인지 깨닫게 돼요. 심지어 건축행위를
통해 정신적인 안정과 평화를 찾은 사례도 있었죠. 저에게 건
축은 건축주와의 소통을 통해 새로운 미지의 세계를 만들어내
는 과정이에요. 따라서 건축주도 중요하지만, 건축주의 내면에
담겨 있는 철학을 꺼내는 것은 건축가의 역할이기 때문에 건
축가가 더 중요하다고 생각합니다.

가우디의 '성가족성당'(La Sagrada Familia)은 현재도 공사 중
인데, 그 모습을 보기 위해 전 세계인이 방문한다고 합니다. 그
때문에 영원히 완공되지 않을 것이라는 말도 나오는데요, 건축
과 자본의 관계를 읽을 수 있는 대목입니다. 자본주의와 건축
의 상관관계에 대해 어떻게 생각하시는지요.

슈마허 저는 자본주의를 사랑합니다. 자본주의는 위대한 성장 동력이며, 현대의 문명화된 삶은 자본주의에서 기인한 것이니까요. 현대 건축을 발전시키는 데도 도움을 주었고요. 저는 자본주의와 건축(심지어 공공 공간까지도) 사이에 어떤 모순도 없다고 생각합니다. 저는 민간이 소유하고 운영하는 공공 공간이 도시를 풍부하게 하고, 다양성을 제공한다고 생각해요. 우리는 변화와 소통이 빠른 세상에 살고 있습니다. 세상엔 수많은 의견이 있지만, 그것을 모두 빠르게 받아들일 수는 없어요. 정치적 프로세스를 통해 다수가 확신할 때까지 기다려야 하기 때문이죠. 정치적 프로세스로만 무언가 이뤄지기를 기다린다면, 우리는 몇 세기를 기다려야 할지도 몰라요. 그 때문에 소수가 기꺼이 행동하고 투자하고 어떤 것을 제공하려고 한다면 도와야 합니다.

현재 자하 하디드 건축사무소 대표이십니다. 대표로서 많은 무게감을 느낄 텐데요.

슈마허 저는 하디드와 함께 예술적 비전을 실현해왔습니다. 큰 규모의 상업 프로젝트, 인프라 프로젝트뿐만 아니라 문화시설에 대한 프로젝트도 맡았죠. 현재 자하 하디드 건축사무소는 그와 함께했던 20개가 넘는 프로젝트를 건설 중에 있어요. 앞으로도 새로운 프로젝트를 맡게 될 기회가 많이 있을 겁니다. 각종 공모전에 당선되고 있고, 고객들은 자하 하디드 건축사무소의 포트폴리오를 신뢰하고 있으니까요. 저는 자하 하디드 건축사무소 대표로서 기업의 리더이자 예술적 비전의 소유자라는 것을 세상에 보여줘야 합니다. 현재는 뮌헨 콘서트홀 공모전에 참가하고 있고 베를린 국제 갤러리 증축 같은 주요 문화시설 프로젝트에도 초청받고 있어요. 이것은 제가 문화계에 몸담고 있는 사람이기 때문이기도 하겠죠.

앞으로 자하 하디드 건축사무소를 어떻게 이끌어가실 생각인가요.

슈마허 지금 저는 두 가지 일을 하고 있어요. 첫 번째로 자하 하디드 건축사무소를 세계적으로 확장시키고 있습니다. 현재 두바이, 뉴욕, 멕시코시티에 새로운 사무실을 열었고, 베이징과 홍콩에도 사무실이 있어요. 조만간 호주에도 사무실을 열 계획입니다. 두 번째로는 연구에 많이 투자하고 있습니다. 현재 두 가지 연구를 진행 중인데, 전산기하학(Computational Geometry)과 자동화된 건물의 외피(Robotic Fabrication)에 대한 연구입니다. 거주 과정을 실험하는 연구도 하고 있습니다. 저는 이것을 생활 프로세스 모델링(life processing modeling)이라고 부르는데, 아시안 작물모델이 어떻게 복잡한 빌딩 설계에 이용될 수 있는지 연구하는 것이죠.

자하 하디드 건축사무소가 건축적 디테일에 얼마나 관여하는

지 궁금합니다.

슈마허 건축은 최종 완공될 때까지 예측할 수 없고, 자하 하디드 건축사무소는 그걸 해결하기 위해 노력하고 있습니다. 그런 부분이 어쩌면 유기적인 형태를 지향하는 건축가가 마주하는 가장 큰 문제겠죠. 이런 문제들을 건축적인 미학 내에서 잘 풀어나가고 표현하는 리처드 로저스(Richard Rogers), 노먼 포스터(Norman Foster) 같은 건축가들이 저에게는 와닿아요. 저는 건축물이 지어졌을 때 실망감이 든다면 건축가로서의 역할을 다하지 못한 것이라고 생각합니다. 수많은 해외 건축가가 본인이 설계한 건축물이 한국에서 완공됐을 때 본인의 설계가 아니라고 말하는 것도 그런 맥락이죠.

독일 바일에 있는 비트라 소방서는 자하 하디드 건축사무소의 시작점이라 할 수 있습니다. '돌로 된 번개'라는 별칭과 함께 미래주의 건축물로 주목받기도 했는데요.

슈마허 비트라 소방서는 제가 작업한 첫 번째 프로젝트이기도 합니다. 공간을 서로 맞물리게 디자인했어요. 단지 공간이 중첩되도록 한 것뿐만 아니라 내부에 공공 공간이 생기도록 디자인했죠. 저는 이것이 매우 의미 있는 프로젝트라고 생각합니다. 몇몇 요소는 아직도 중요한 의미를 지니고 있고요. 자하 하디드 건축사무소에 비트라 소방서는 여전히 자랑스러운 건축물입니다.

슈마허 저의 건축적 영웅 중 한 명은 독일 건축가 프라이 오토(Frei Otto, 1925~2015) 입니다. 그는 건축가이자 건축구조 엔지니어였어요. 무엇보다 그는 자연시스템을 연구하는 데 집중했습니다. 그리고 자연에서 얻은 지혜를 새로운 시공시스템으로 변환할 수 있는 방법을 끊임없이 고민했죠. 형태를 만들어내려고 한 것이 아니라, 자연형태를 고안하려고 한 겁니다. 그는 프리츠커상의 심사위원으로서 하디드의 지지자이기도 했습니다.

슈마허 젊은 건축가는 앞을 내다보고, 미래 지향적이며, 컴퓨터 기술에 투자해야 합니다. 새로운 소프트웨어를 배우는 것뿐만 아니라 코딩(coding)이나 기하학에 대해서도 배워야 해요. 현대 건축에는 이런 복잡한 기술이 더 필요하기 때문입니다. 만약 그래스호퍼(Grasshopper) 같은 시스템을 이용한다면, 당신은 개발자의 위치에서 새로운 여러 플러그인을 사용할 수 있습니다. 그리고 요소 사이의 상호의존과 관계 등 모든 것에 대해 많은 생각을 하게 되겠죠. 이는 정교한 기술적 기반이 될 뿐만 아니라 아이디어들을 형상화하는 지지기반이 될 겁니다.

또 건축의 역사에 대해서 공부해야 합니다. 요즘 사람들은 책을 충분히 읽지 않고 있어요. 책을 읽으면 지금까지 어떤 이론들이 세워졌는지, 어떤 이론들이 새로 만들어졌거나 만들어져야 하는지에 대해 개략적으로 알 수 있습니다. 우리는 공간에 관한 다양한 혁신과 새로운 아이디어를 우리 사회와 현대의 삶에 관한 혁신적인 산물을 개발하는 것에도 연계시켜야 해요. 이게 제가 하고자 하는 일이기도 합니다. 이런 일을 하기 위해서는 이론적인 바탕이 중요해요. 내가 어떤 일을 왜 하는지에 대해 알아야 하고, 어떤 방향으로 건축물들을 혁신해야 하는지도 알아야죠.

세 분 건축가의 새로운 계획이 궁금합니다. 지금 진행하고 있는 '꿈의 설계'가 있으신지요.

슈마허 저는 지금 복합용도 건물에 관심을 두고 있습니다. 복합용도 건물은 서로 다른 부분들이 어떻게 통합될 수 있는지를 보여주니까요. 또 도시계획에도 관심을 두고 있습니다. 아까 말씀드렸듯이 저는 지금 대형 아트리움에 대해 많은 아이디어를 내고 있어요. 건물의 속을 움푹 파내는 것이죠. 현재는 이 아이디어를 중국에서 진행되는 몇몇 프로젝트를 통해 실현하려고 하고 있습니다. 그중 제일 기대되는 것은 베이징 공항이에요. 베이징 공항이 완공되면, 사람들은 환상적인 공간을 보게 될 것입니다.

김한기 대형 사무소에서 일하는 저에게는 대답하기 쉽지 않은 질문이네요. 우리 사회는 건축물뿐만 아니라, 도시디자인까지 복합화되고 있습니다. 현재 중국은 복합시설 마스터플랜을 진행하고 있고, 실제 개발 사업이 잘 이루어지도록 적극적으로 지원하고 있어요. 주거, 상업, 호텔, 공원 등의 대형 복합 단지를 만드는 것이죠. 쉽지 않은 과정이지만 잘 이루어졌으면 하는 생각입니다.

백희성 저는 요즘 전남 화순의 4만 5,000평 부지에 들어설 식품문화예술단지를 설계하고 있어요. 공장단지에 예술과 문화를 접목시키는 프로젝트입니다. 차갑고 기계음이 가득한 공장이 아니라, 숲속에서 일하는 공간을 만들고 있어요. 공장에 대한 새로운 해석이 될 수 있겠죠. 또 땅이 품은 잃어버린 기억을 건축으로 드러내는 프로젝트이기도 합니다. 한강에 띄웠던 한강기억미술관처럼 앞으로도 '기억'이라는 주제로 계속해서 작업할 것입니다.

100세 시대라고 합니다. 인간의 수명이 늘어나는 시대에 우선순위가 되어야 할 '집의 조건'은 무엇일까요.

슈마허 저는 더 오래 사는 것뿐만 아니라, 더 높은 질의 삶을 살아야 한다고 생각합니다. 사람들은 더 활동적으로 생활하고, 여든까지도 일할 수 있습니다. 이는 우리가 도시에서 더 오래 생활하게 된다는 것을 의미하죠. 그 때문에 도시는 보행 가능한 환경이어야 해요. 모든 것이 보행 가능한 거리에 있어야 한다는 말입니다. 그럼 노인들을 굳이 요양시설로 옮길 필요가 없어지겠죠. 노부부가 다시 작은 도시의 아파트로 이주할 수도 있습니다. 이렇게 모든 연령대의 사람들을 위한 보행 가능한 도시를 만드는 것이 저의 비전입니다.

김한기 몇 년 전 노인 요양시설에 대한 마스터플랜을 진행하면서 조금 연구해봤는데, 크게 두 단계의 연령대로 구분할 수 있습니다. 현재 50대 후반~60대 후반은 여전히 일하는 세대가 됐습니다. 노인 요양시설은 70대 이후에 이용한다고 볼 수 있는데, 헬스케어를 동반한 시설을 생각해볼 수 있겠죠. 요즘 노인들은 여전히 젊고, 'urban resort with healthcare'를 선호합니다. 이런 개념을 얼마 전 최고급 주거시설 프로젝트를 진행할 때 적용해보았습니다.

백희성 50~60세가 평균수명이었던 과거 인간과 100세 시대를 사는 현대 인간은 무엇이 달라졌을까요? 저는 크게 달라졌다고 생각하지 않습니다. 하지만 덤으로 생긴 50여 년의 시간을 그냥 낭비하지는 않아야겠죠. 추가로 생긴 이 시간 덕분에 인간의 내면에 대한 연구와 철학, 가치관 등이 깊이 발전할 것으로 보고 있어요. 그리고 그 깊은 사유를 건축에 담게 되는 시대가 올 것이라고 생각합니다. 한 인간의 삶과 철학을 닮은 건축물을 상상해보세요. 60억 세계인구수만큼 새로운 건축을 할 수 있을 겁니다. 결론적으로 100세 시대에 집의 조건은 건축주(인간)의 삶과 철학입니다.

마지막으로 세 분께 질문합니다. '건축'이란 무엇인가요.

슈마허 사회 속에서 우리의 소통방식(social communication process)을 좀더 쉽고, 빠르고, 편리하게 하는 것(social automatization)입니다.

백희성 세상에 수많은 사람이 있고, 다양한 장소와 물건이 있습니다. 저는 이들이 각각 다른 개성과 정체성을 드러내는 것은 바로 각자의 '기억' 덕분이라고 생각합니다. 건축가로서 이 '기억'을 주제로 건축공간을 만드는 행위, 기억을 공간 속에 녹여 넣는 행위가 건축이라고 생각합니다.

김한기 건축을 하면서 느낀 건데 학생 때 공부한 건축, 런던에서 일을 시작하면서 생각한 건축, 10년 이상 일을 하다가 런던을 떠날 때쯤 생각한 건축, 한국에 돌아와서 일하면서 생각한 건축이 모두 다르더라고요. 하지만 변하지 않는 것도 있습니다. 건축은 결국 지어진 건물로 건축가의 얘기를 들려준다는 사실입니다. 영국의 건축이 이런 면에서 저한테 많은 영향을 주었습니다. 저에게 건축이란 모니터로 보는 이미지가 실제 건물로 지어지는 과정에서 생기는 수많은 문제를 풀어가는 과정입니다.

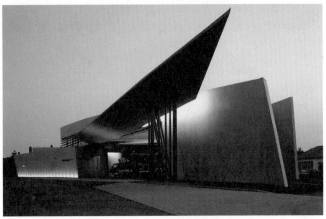

▲ 헤이다르 알리예프 센터.
　자하 하디드 건축사무소의 대표적인 곡선형 건축물이다.

▼ 비트라 소방서.
　슈마허가 처음으로 작업한 건축물이다.

ions**

아름다운 음악도 사람들을 행복하게 해주지만 영감을 주는
아름다운 건축물도 그 공간에 사는 사람들을 행복하게 해
주지요. 늘 좋은 인터뷰 감사합니다.

napl**

자하 하디드, 프랭크 게리 같은 건축가들은 엄연히 현대 사
조를 이끄는 건축가들이며 과거의 네모박스형 건축물을 넘
어 건축물 자체에 대한 인식과 패러다임을 바꾸는 건축가
들입니다. 좋은 인터뷰입니다.

JTBC 교양프로그램 「알쓸신잡」에 출연해 흥미로운 과학수다로 화제가 된 카이스트 교수 정재승. 물리학도였던 그는 '카오스'와 '프랙털'이라는 개념에 매료돼 복잡계 과학으로 분야를 옮겼고 '1.4킬로그램의 뇌'를 연구하기 시작했다. 치매에서 소아정신까지 두루 연구했고, 이를 관통하는 장애 중 하나가 '의사결정 장애'라는 것을 발견했다. 정재승은 최근에도 새로운 논문을 발표하며 의사결정 연구에 천착하고 있다.

죽기 전까지 도전할 인간 이해

정재승
뇌과학자

뇌, 1.4킬로그램의 우주

"최근에는 어떤 논문을 발표하셨나요?" 정재승 교수님과의 인터뷰에서 던진 첫 질문입니다. 그의 얼굴에서 누적된 피로감이 보였기 때문인데요, 매달 강연요청만 약 2,000건, 방송섭외와 인터뷰 요청만 30~40건씩 몰려든다니 그럴 만합니다. 그러니 그가 즐거워할 만한 질문으로 인터뷰를 시작한 것입니다. 제 생각처럼 피로 가득한 얼굴이 곧 행복한 표정으로 바뀌었습니다. 실제로 그는 지난 20년간 바쁜 와중에도 꾸준히 국제적인 저널에만 100여 편의 논문을 발표했습니다. 인간에 대한 깊은 이해를 바탕으로 학자의 사회적 책임을 다하겠다는 정재승 교수님. 그와의 인터뷰는 재미있는 과학실험 같았습니다.

정재승 교수는 미국 예일대학교 의과대학 정신과 연구원,
콜롬비아의대학교 정신과 조교수를 거쳐
현재 카이스트 바이오및뇌공학과 교수로 있다.

새로운 논문을 발표할 때 가장 행복하다고 말씀하셨습니다. 최근에는 어떤 논문이 출간됐나요.

네, 이번 방학은 각별히 뿌듯했습니다. 지난 3년간 우리 연구실에서 진행했던 연구들이 주요저널에 한꺼번에 실렸습니다. 무려 다섯 편이나요. 특히 우울증 환자들의 의사결정에 대한 연구가 가장 뜻깊었습니다. 우울증 환자 중에서 자살을 시도했던 환자들과 한 번도 자살을 생각해본 적 없는 환자들은 의사결정 과정이 이렇게 다를까요? 두 환자 그룹을 어떻게 미리 구별할 수 있을까요? 이 질문에 답할 수 있다면, 우리가 자살을 시도할 우울증 환자들에게 그것을 막기 위한 특별한 치료법을 제공해줄 수 있을 테니까요. 답을 구하기 위해, 92명의 우울증 환자를 대상으로 그들의 선택 과정도 관찰하고 기능성 자기공명영상(fMRI)으로 뇌활동도 촬영했습니다. 우울증 환자 중에서 위험과 실패에 과도한 두려움을 느끼는 환자들이 어떻게 감정조절을 실패하는지, 그러다가 어떻게 자살을 시도하게 되는지, 또 그것이 뇌에서는 어떤 과정을 통해 진행되는지 살펴본 것입니다.

『카오스』를 쓴 제임스 글릭(James Gleick)에 매료돼 천체물리학에서 복잡계* 과학으로 분야를 옮기셨다고요.

* 복잡성 이론은 기본적으로 이 세상의 모든 질서가 몇 개의 이론만으로 설명될

네, 돌이켜보면 제가 평범한 물리학도는 아니었죠. 원래 천체물리학자가 되는 것이 꿈이었는데, '카오스'와 '프랙털'이라는 개념에 매료돼 신생분야인 복잡계 과학으로 분야를 옮겼습니다. 새 학문분야가 어떻게 만들어지는지 살펴보면서 작게나마 이바지할 수 있을 것 같았어요. 그때는 하루도 빠지지 않고 매일 논문을 두세 편씩 읽었죠. 결국에는 '뇌'라는, 지구상에서 가장 복잡한 시스템을 모델링하는 것으로 박사학위를 받았습니다. 치매 환자의 복잡한 뇌를 컴퓨터상에서 네트워크 모델링으로 표현해 앞으로 병세가 어떻게 나빠질지 시뮬레이션하는 내용이었지요.

그 후 미국으로 건너가 의대 정신과에서 연구하셨습니다. 어떤 계기가 있었나요.

박사학위를 받을 즈음에 미국의 한 학회에 가서 발표를 했는데, 의대교수님께서 질문을 하시더군요. 치매 치료제가 없는데 치매 병세를 예측하는 것이 무슨 의미가 있느냐고. 사실 저는 그때까지 치매치료제가 없다는 걸 잘 몰랐습니다. 그 일이 의대에 가서 제대로 정신의학을 공부해야겠다고 생각하게

수 없는 불가사의한 복잡성으로 얽혀 있다는 이론이다. 즉 복잡계에서는 수많은 변수가 유기적으로 작용하기 때문에 1대 1 대응방식의 기계론적 과학이 적용되지 않는다. 복잡계 연구를 위한 구체적인 수단으로는 카오스(혼돈), 프랙털(형상), 퍼지(법석), 카타스트로피(파국) 이론 등이 있다.

된 계기가 됐죠. 그 후 미국 의대 정신과에서 연구원과 조교수를 하게 됐습니다. 소아정신과였는데, 그곳에서 틱장애, 소아우울증, 주의력결핍과 과잉행동 장애를 분석하고 모델링하는 연구를 주로 했어요. 뇌파와 자기공명영상 그리고 컴퓨터 모델링을 사용했지요.

처음부터 의사결정을 연구한 건 아니었군요.

지내에서 소아우울증까지 노인과 소아를 두루 관찰하며, 이들을 관통하고 있는 장애 중 하나가 의사결정 장애, 즉 잘못된 선택을 내리는 것임을 알게 됐습니다. 그래서 귀국 후 카이스트 바이오및뇌공학과에 와서는 의사결정을 본격적으로 연구하게 됐습니다. 의사결정이 뇌에서 어떻게 이루어지는지, 정신질환자들은 왜 잘못된 의사결정을 하는지, 로봇에게 생각만으로 내 의사결정을 수행하게 하려면 어떻게 해야 하는지, 인공지능에게 인간처럼 의사결정을 하게 하려면 어떻게 해야 하는지 등이 연구실의 핵심 연구주제입니다.

미국 예일대학교와 콜롬비아대학교 그리고 카이스트에서 연구하셨습니다. 각 학교의 환경은 어떻게 다른가요.

이제는 거의 차이가 없다고 생각합니다. 제가 공부했을 때를 돌이켜보면, 학생들 수준은 카이스트 학생들이 오히려 가장 우수했습니다. 카이스트에서 같이 공부했던 친구들이 제가 미국에서 가르쳤던 학생들보다 더 우수했으니까요. 다른 점은 예일대학교나 콜롬비아대학교 교수들이 한국의 교수들보다 훨씬 더 열심히 연구한다는 점입니다. 이유는 간단한데 연구에 전념할 수 있는 환경하에 놓여 있기 때문입니다. 결국 학교의 성취도는 학생들이 만들어내는 것이 아니라, 교수들이 만들어냅니다. 교수의 학문적 수준이 낮다기보다는 학문적 성취를 추구할 수 있는 제도와 시스템, 분위기와 문화를 갖추는 것이 중요하지요. 그런 점에서 저도 많이 반성합니다.

행동경제학자들에 따르면 인간은 합리적인 의사결정을 하는 동물이 아니라고 합니다. 과학자가 우리 사회를 합리적으로 만들 수 있을까요.

인간이 합리적인 의사결정을 안 하는 데는 이유가 있습니다. 인간의 뇌는 복잡하고 다양한 것을 고려해요. 자신의 경제적 이득만이 아니라, 다른 사람과의 관계, 과거의 기억, 미래에 대한 전망 등을 복합적으로 고려해 의사결정을 하죠. 따라서 저는 인간의 뇌를 충분히 이해하면, 더 나은 의사결정을 하는 시스템을 우리 사회에 도입할 수 있을 거라 생각합니다. 우리가 더 중요하게 고려해야 할 가치와 정보가 무엇인지 고민할 수 있게 되는 것이죠. 물론 가장 중요한 건 합리적으로 판단하는 논리적 사고입니다. 과학이란 우주와 자연과 생명과 의식에 대한 지식 그 자체가 아니라, 그것을 만들어내는 과정이자 태도에요. 그런 태도는 누구에게나 더 나은 결정을 하는 데 도움을 줍니다.

예를 들면 어떤 분야에서 더 나은 의사결정을 할 수 있나요.

저는 주요 일간지에서 '오늘의 운세'가 사라지는 날이 오길 바랍니다. 조금만 논리적으로 생각하면 이게 맞을 까닭이 없다는 걸 알 수 있는데, 사람들은 재미삼아 본다면서도 이것에 굉장히 신경을 쓰죠. 빨간색으로 이름을 쓰면 죽는다고 믿거나, 궁합이 나쁘면 결혼을 안 하거나 하는 미신이 아직도 우리 삶과 정신을 지배하고 있습니다. 우리 사회는 증거가 부족한 음모론에 쉽게 휘둘리고, 매사에 이분법적인 답을 요구하고, 타인을 도덕적으로 판단하는 경향이 강하죠. 저는 우리 사회가 나와 다른 생각을 너그럽게 존중하되, 논리적으로 판단하고 사려 깊게 대응하는 사회가 되는 데 이바지하고 싶습니다. 반과학적 태도, 반지성적인 태도를 지적하는 것이 학자로서 중요한 사명이라고 생각합니다.

'무엇이 인간을 행동하게 하는가?'를 이해하기 위해서는 뇌를 이해해야 한다고 말씀하셨습니다. 인문·사회·예술까지도 뇌과학이 아우를 수 있는지요.

아우르기보다는, 뇌과학이 도움을 줄 수 있을 겁니다. 인문학이나 사회과학, 예술은 지난 수천 년간 인간의 내면과 사회적 행동을 잘 설명하고 표현해왔죠. 여기에 더해, 뇌과학은 뇌의 구조를 이해함으로써 '어떻게 인간의 인지와 마음이 형성되고 사회적 행위가 이루어지는가'에 대한 생물학적인 의견을 더해줄 겁니다. 이때 인간의 인지와 마음은 타고난 부분도 있겠지만, 환경과 경험으로 바뀐 측면도 매우 강할 것이고요. 어쨌든 인간의 행동이 마지막으로 결정되는 장소인 뇌에 대한 이해가 인간에 대한 이해를 성취하는 데 분명 도움을 줄 것으로 생각합니다.

2009년에는 다보스포럼에서 '차세대 글로벌리더'로 선정하기도 했습니다.

흥미로운 일이었습니다. 귀한 기회를 여럿 얻었는데요, 하버드대학교 케네디스쿨에서 연수를 받기도 했고요, 차세대 글로벌 리더 서밋, 중국에서 열리는 서머 다보스 등에서 발표를 하기도 했죠. 너무 신자본주의를 따르는 것 같아 세계경제포럼을 별로 좋아하지 않았는데, 내부를 들여다보니 글로벌 이슈를 함께 해결해보려는 전 세계 리더들의 의지와 노력을 모으는 구심점이 될 수도 있겠다는 생각이 들었습니다.

다보스포럼이 얘기하는 '제4차 산업혁명'이 시대의 화두가 되었습니다.

제4차 산업혁명이라는 수사에 휘둘릴 필요는 없습니다.

제3차 산업혁명의 후기일 수도 있어요. 사실 뭐라고 부르는지는 크게 중요하지 않습니다. 간단히 정리하면 우리를 둘러싼 세계가 사물인터넷, 웨어러블 디바이스 등을 통해 고스란히 비트의 정보로 저장되고, 그걸 인공지능이 분석해 맞춤형 예측 서비스를 제공해주는 시대가 올 것이라는 얘기입니다. IT기술이 온라인 안에만 머물지 않고, 제조업과 유통업에 혁신을 불러온다는 것이지요. 이걸 제4차 산업혁명이라 부르지 않더라도, 이런 세상이 올 가능성은 분명 높다고 생각합니다. 물론 혁명이라고 해서 올해 또는 내년에 갑자기 오는 것은 아닙니다. 제1차 산업혁명이 100년에 걸쳐 진행됐듯이, 이런 변화도 앞으로 수십 년간 서서히 진행될 겁니다. 따라서 이걸 준비할 시간이 우리에겐 충분하기 때문에 불안해할 필요 없이 차근차근 준비하면 됩니다.

최근 서울대학교 홍성욱 교수가 "제4차 산업혁명은 정치적 유행어일 뿐, 사회발전에 도움을 주지 않는다"라고 비판했습니다. 이에 대해 어떻게 생각하시나요?

구호만 외칠 뿐, 실제로 제4차 산업혁명의 핵심 개념을 이해하고 이를 실현하기 위해 차근차근 준비하고 있지 않다는 것, 심지어 이것을 상업적으로만 이용하려는 사람들이 많아진 것에 대한 비판이겠지요. 저는 오히려 이번 기회에 우리의 교육이 지식주입형 교육에서 벗어나 창의적인 문제해결형 교육,

사려 깊은 심사숙고형 인재 교육, 다양성을 존중하는 교육 등으로 나아가는 기회로 삼았으면 좋겠습니다. 미비한 사회 제도도 수정하고, 법률 규제도 다시 들여다보는 귀한 기회가 되었으면 좋겠습니다.

그래서 JTBC 교양프로그램 「차이나는 클라스」에 출연하셨을 때도 제4차 산업혁명을 다루면서 결국 교육의 문제를 얘기하셨군요.

큰 주제는 '인공지능 시대, 인간 지성의 미래는?'이였습니다. 인공지능의 급격한 발전으로 많은 사람이 당황하고 불안해하고 있지요. 지식을 제대로 분석하고 적용하기 위해서는 '이해의 단계'가 필요한데, 지금까지는 많은 사람이 컴퓨터가 지식을 이해하려면 멀었다고 생각했습니다. 인공지능 전문가들도 인공지능이 현장에 적용되는 데 회의적이었고요. 그런데 머신 러닝은 '이해의 단계'를 건너뛰어, 데이터의 양을 늘림으로써 문제를 해결했지요. 이것이 충격을 준 것입니다. 바둑의 규칙을 이해하지 못한 알파고가 인간 최고의 고수 이세돌을 이기는 현장을 우리 모두가 목격했으니까요.

「알쓸신잡」 출연 이후 강연요청, 방송요청이 많이 늘었을 것 같습니다. 평소 섭외하기 어렵기로 유명하신데, 「알쓸신잡」은 어떻게 출연하게 됐나요.

요즘 매달 강연요청이 약 2,000건, 방송섭외와 인터뷰 요청도 30~40건이 넘습니다. 방송에 나가서 얘기하는 걸 워낙 어색해서 대부분 하지 않고 있고요. 토론과 강연은 즐기는 편이지만, 시간이 없어 외부강연도 거의 못 하고 있습니다. 하지만 「알쓸신잡」은 대본 없이 자유롭게, 어렵고 깊이 있는 얘기도 마음껏 할 수 있는 기회라서 용기를 냈죠. '지식이 주는 즐거움'을 모두가 만끽했으면 하는 마음으로 출연했는데, 평이 좋아서 기쁘게 생각하고 있습니다.

「알쓸신잡」 출연진들을 '각 분야에서 시대에 안주하지 않고 상식을 깨운 사람들'이라고 말씀하셨습니다.

「알쓸신잡」에 출연한 분들은 다른 분야를 존중하고, 다른 사람들의 의견에 귀 기울이고, 자신의 의견을 강요하지 않고, 설득당하면 자신의 생각을 바꾸는 미덕을 갖춘 분들입니다. 각자의 분야에서 깊은 지식을 갖추고 있으면서도 늘 열린 태도를 유지하는 것, 쉬운 일이 아니지요. 덕분에 저는 매우 즐겁게 대화를 나누었습니다.

평소 독서량이 많으신 걸로 압니다. 서재를 '일요일, 나른한 오후의 공동묘지'라고 표현하기도 하셨는데요. 교수님께 독서는 어떤 의미인가요.

책이 가득한 서점이나 서재에 있으면 마음이 설레고 심장이 막 뛰죠. 책과 함께 있는 순간, 책 속에 파묻혀 있는 시간을 아주 즐깁니다. 나와 다른 시대, 다른 환경을 살아온, 다른 경험을 해온 분들이 평생 동안 고민해 얻은 삶의 성찰을 엿보는 즐거움이 독서의 미덕이라고 생각합니다.

15년 동안 '선택'의 뇌과학에 대해 연구해오셨습니다. 앞으로의 목표는 무엇인가요.

얼마 전 살펴보니, 대학원 시절부터 지금까지 지난 20년 간 국제적인 저널에만 논문 100여 편을 발표했더라고요. 학자로서 연구를 통해 새로운 과학지식을 만들어내어 학계에 이바지하는 것은 당연한 역할입니다. 여기에 학자로서의 사회적 책무를 하나 더 덧붙이자면, 제가 하는 연구를 우리 사회를 위해 사용하는 것이라 생각해요. 그러기 위해서는 제 연구실과 세상을 연결하는 작업을 해야겠죠. 제 꿈은 우리 사회가 더 나은 의사결정을 하는 데 학자로서 이바지 하는 것입니다. 제가 세상을 떠날 즈음에 사람들에게 "정재승이라는 과학자 덕분에 우리 사회가 좀더 나은 의사결정을 할 수 있었다"라는 얘기를 듣는다면 더 바랄 것이 없을 것 같아요.

마지막으로 '잘 사는 삶'이란 무엇일까요.

죽기 전까지, 인간에 대해 깊이 이해하면서 살고 싶습니다. 누군가에게 제가 얻은 통찰을 나누어주고 싶습니다. 우리 사회가 좀더 나은 사회로 나아가는 데 이바지 할 수 있다면 더 행복하겠지요. 다음 세대에게 제가 얻은 통찰을 나누어줄 수 있다면 더 바랄 나위가 없을 겁니다. 학자로서, 지식인으로서, 한 인간으로서 제가 꿈꾸는 삶입니다.

▲ 「알쓸신잡」의 한 장면.
정재승 교수는 자신의 과학수다로 사람들이 '지식이 주는 즐거움'을
만끽했으면 좋겠다고 말한다.

▼ JTBC 「뉴스룸」에 출연한 정재승 교수.
그는 알파고를 '어린 이세돌'에 비유했다.

temi**

자신의 열정과 깊은 사유로 얻은 통찰로 더 나은 사회를 만들고 싶다는 정재승 박사님. 한마디 한마디가 더 없이 따뜻하네요. 이미 세상을 아름답게 만들고 있는 소중한 분. 늘 건강하고 평안하시길 빕니다.

spin**

정재승 선생님 강의 정말 좋더라고요. 귀에 콕콕 박히는 뭔가가 있었습니다.

특유의 한 서린 목소리로 청중의 심금을 울리는 장사익. 다양한 장르를 아우르는 그의 음악처럼 소리꾼, 음악인, 예인 등 그를 따라다니는 수식어도 많다. 하지만 그는 자신을 그저 '노래하는 장사익'으로 불러달라 말한다.

노래가 된 세기말의 위로

장사익
소리꾼

소리꾼 장사익 님은 마흔여섯 늦은 나이에 운명처럼 노래를 시작했습니다. 늦게 핀 꽃의 향이 더 진하듯이, 그의 노래는 진한 여운을 남깁니다. 지금 노래할 수 있어서 행복하다고 말하는 장사익 님. 그는 참 인간적인 사람이기도 합니다. 장에 갔다 해 질 무렵 돌아오실 아버지를 동생과 기다리던 추억을 얘기하며 보인 눈물에서 그의 인간미를 엿볼 수 있었습니다. 돼지장수 아버지에게서 나는 냄새는 구수했다고, 죽음은 저 하늘의 별로 돌아가는 것이니까 슬퍼할 필요 없다고 조용히 읊조리던 그의 고백은 그 어느 노래보다 아름다웠습니다.

위로를 노래하는 소리꾼 장사익.
그의 자택 2층 창문으로 보이는 북악산과 북한산
그리고 인왕산이 한 폭의 그림 같기도
또 사연 많은 그의 인생 같기도 하다.

'2017 서울 아리랑페스티벌'에 12만 명이 온다고 합니다. 그런 큰 무대의 개막 공연을 하신다지요.

제 노래에는 가요도 있고, 국악도 있고, 재즈도 있지만, 기본적으로 국악을 모티브로 해 노래합니다. 그래서 공연 때도 항상 한복을 입고요. 특히 아리랑을 많이 불렀어요. 제일 기억나는 건 2002년 서울 상암운동장에서 남북한이 처음으로 축구 시합을 했을 때 부른 아리랑이에요. 그걸 계기로 평양에서도 몇 번 아리랑을 부르기도 했죠. 그래서 2017 서울 아리랑페스티벌에 섭외된 게 아닌가 싶어요.

선생님의 노래는 사람들의 심금을 울립니다.

저는 노래를 늦게 시작했습니다. 쌓인 시간만큼 노래에 인생의 굴곡이 담겨 있어요. 노래는 삶의 이야기거든요. 그러니 듣는 사람들이 자기 얘기처럼 들어요. 그렇게 소통하면서 감동하고, 치유되는 겁니다. 그게 음악, 예술의 힘인 것 같아요. 요즘 젊은 세대는 주로 '희'(喜)와 '락'(樂)만 노래해요. 그리고 감정이 메말라 있죠. 하찮은 유행가를 들으면서도 울고, 자신의 감정을 게워낼 수 있어야 해요. 아무래도 저는 나이가 많으니 할 얘기도 많고, 젊은 사람보다는 시야가 넓고 깊기 때문에 사람들이 제 노래에 많은 관심을 보이는 것 같아요. 클래식도 이야기와 희로애락이 담겨 있기 때문에 생명력을 잃지 않고 몇백 년 동안 이어져 오는 겁니다. 제 음악도 그랬으면 좋겠어요.

어렸을 때는 모두 대통령 아니면 국회의원이 되겠다고들 하잖아요. 저도 초등학교 때 국회의원이 꿈이었어요. 공부도 좀 하고 반장도 몇 번 해봤거든요. 옛날에는 3·1절이나 6·25 때 반장이 웅변대회를 나갔어요. 국회의원 하려면 웅변을 잘해야 하기도 했고요. 그래서 등교하기 전 새벽에 뒷산에 올라 소리를 질렀어요. 초등학교 5학년 때부터 중학교 3학년 때까지, 5년 동안 하루도 빠짐없이 발성을 연습했죠. 그때는 제가 이렇게 노래할 줄 모르고 한 일이었지만, 노래하기 위한 씨를 뿌린 게 아닌가 싶어요.

노래를 해야겠다고 생각한 건 언제였나요.

사실 제 목청이 좋다 보니 고등학교 마치고 서울 올라와서 곧장 노래를 배웠어요. 종로에 있는 고려생명이란 회사에 다니면서 인근 작곡가 사무실에서 3년 동안 노래를 배웠죠. 군대 가서도 노래하는 곳에서 3년 동안 배웠고요. 제대하고 본격적으로 노래할까 생각했는데, 자질도 없는 것 같고 집안 형편도 안 돼서 꿈을 접었어요. 당시 노래는 나훈아나 남진처럼 아주 특출한 사람들만 했으니까요.

그 뒤로는 무슨 일을 하셨나요.

보험회사 내근직, 경리과장, 과일장수, 카센터 직원 등

25년간 15개의 직장을 전전했습니다. 저는 배운 것도 없고 성격도 차분하지 못해서 직장에 잘 적응하지 못했거든요. 그러다 내가 하고 싶은 거 딱 3년만 해보자고 매달린 것이 태평소예요. 그렇게 서태지와 아이들의 「하여가」 녹음에 참여하기도 하고 대통령상도 받았죠. 사실 아버지는 장구를 치는 장구재비였고, 삼촌은 태평소를 부는 날라리였습니다. 어릴 때부터 자연스럽게 국악을 들으며 자랐고, 무엇보다 아버지와 삼촌의 재능이 저에게 오지 않았나 싶어요.

데뷔하게 된 계기가 뭔가요.

하루는 사물놀이패 공연 뒤풀이에서 노래 한 자락을 불렀습니다. 그 노래를 들은 친구들에게 등 떠밀려 데뷔하게 됐어요. 그때가 1994년 11월, 제 나이 마흔여섯입니다. 이 세상의 모든 꽃은 다 피어요. 사람도 모두 꽃을 피우는 데 그 시기에 차이가 있을 뿐이에요. 오히려 늦게 피는 꽃들이 향기가 더 진하죠.

아버지는 국악을 업(業)으로 삼은 분이셨나요.

아버지는 돼지장수셨습니다. 늘 자전거를 타고 다니셨고 돼지냄새를 풍기셨어요. 그런데 그 냄새가 얼마나 구수하고 좋은지 몰라요. 아버지는 제가 초등학교 들어가기 전까지 항상 자전거 뒤에 저를 태우고 결혼식이나 초상집을 다니셨어요. 동생이랑 저는 해 질 녘이 되면 항상 시장으로 통하는 다리 앞에서 아버지 오시기만을 기다리곤 했어요. 덩치 큰 아버지가 술에 취해 오시면 저와 동생이 쪼르르 달려가 아버지 손을 잡고 집으로 함께 걸어갔죠. 아버지는 무학(無學)이었지만 사람의 도리를 강조하셨어요. 저에겐 그것이 살아가는 데 큰 교훈이되고 지침이 됐어요. 아버지는 제가 고향에 내려간다 그러면 항상 한두 시간 전에 광천역까지 자전거 타고 오셔서 저를 기다리셨어요. 제가 서울로 올라가는 날은 미리 짐을 싸서 역전에 가 계셨고요. 그런 아버지가 돌아가시고 나니 광천역에 내려도 아버지도 안 계시고 아버지의 자전거도 없는 거예요. 부모님이 계시지 않는 고향은 고향이 아니라는 생각이 들었죠. 그런 아버지와의 추억 때문에 2017년 9월 9일 서울 올림픽공원에서 열린 파크콘서트 공연에서 자전거를 타고 무대에 올랐어요. 강화도에서 두루마기 입고 자전거 타는 영상을 찍기도 했습니다.

데뷔 후 여덟 개의 음반을 내셨어요. 각각의 음반을 통해 선생님의 음악 인생을 듣고 싶습니다.

음반은 기록이라고 하잖아요. 제1집부터 제8집까지는 그 나이대의 저를 기록해놓은 거예요. 제1집 『하늘 가는 길』 (1995)은 사실 뜬금없이 발매했어요. 연습 딱 두 번 하고 데뷔 무대 두 번 서고 바로 음반이 나왔죠. 6시간 만에 녹음을 마쳤으니까요. 제가 뒤풀이에서 노래 불렀더니 친구들이 등 떠밀어서 데뷔하게 됐다고 말씀드렸잖아요. 제1집 표지 사진이 바로 뒤풀이에서 노래 부르는 사진이에요. 제1집은 꽃이 시간이 되면 피듯이 나온 앨범인 것 같아요.

제2집은 『기침』(1999)이에요. 「기침」은 우리네 사는 모습을 정말 잘 표현한 시입니다. 어렸을 때 부모님이 새벽에 담배 피우면서 교육비, 생활비, 곗돈 걱정하는 얘기를 이불 속에서 듣잖아요. 저는 그게 노인네 기침하듯이 들리더라고요. 그런 이야기를 녹음했는데 영 아니었어요. 실은 제1집을 내고 피아니스트 임동창 선생님이 그만두셨기 때문인데요, 그때 제게 임동창 선생님은 절대적인 존재였습니다. 그 공백이 너무 컸던 거죠. 그래서 앨범을 집어 던져버렸어요. 그 와중에 아버지가 폐암에 걸리셨고요. 아버지의 병세가 계속 악화되던 중 던져버렸던 제2집 앨범이 눈에 들어왔어요. '그래, 저 부족한 것이 내 모습이다' 하는 생각이 들었죠. 그렇게 제2집 『기침』이 세상으로 나오게 됐어요. '기침'과 '폐암'이 역설적으로 연결된 거예요. 그래서 제2집은 저한테는 아픈 손가락 같은 존재예요.

제3집은 『허허바다』(2000)입니다. 「허허바다」는 윤회사상이 녹아 있는 정호승 선생님의 시에요. 세상에는 아침이 있고 저녁이 있고 밤이 있고, 밤이 지나면 또 아침이 오고, 지구도 돌고 태양도 돌잖아요. 우리는 원래 하늘에 떠 있는 별이었는데 잠시 지구라는 별에 놀러 왔다가 제자리로 돌아가는 거예요. 사람의 죽음도 그렇게 생각하면 슬퍼할 필요가 없어요. 파도치는 망망대해에 떠 있는 자그마한 겨자씨 하나가 우리의 모습이에요. 그러니까 죽는 것도 사는 것도 사실 아무것도 아니라는 거죠. 세상 다 가진 것 같이 무게 잡고 살지 말고 겸손한 자세로 순응하면서 살아야 해요. 이 앨범과 관련된 일화가 있어요. 세월호 참사가 일어난 후 모든 공연이 취소됐을 때의 일입니다. 저는 즐거울 때 하는 것도 음악이지만 슬프고 어렵고 힘들 때 사람들을 위로해주는 것도 음악이라고 생각했어요. 공연을 취소하지 않고 무거운 분위기 속에서 「허허바다」를 진혼곡으로 불렀습니다. 이처럼 어떤 노래를 어떤 때 어떻게 표현하느냐에 따라 그 노래의 힘을 극대화할 수 있어요.

제4집은 『꿈꾸는 세상』(2003)이에요. 제가 지금 살고 있는 바로 이 집, 이 자리에서 창문을 보는데 까치들이 무리를 이뤄 날아가는 모습이 보이더군요. 그 모습을 보니 저도 날개 달고 훨훨 날아 어딘가로 놀러 가고 싶다는 생각이 들었어요. 그런 느낌으로 이 앨범을 탄생시켰어요. 록(rock) 같은 느낌의 곡을 수록했고, 세상에 희망을 전하는 메시지를 담았어요.

제5집은 『사람이 그리워서』(2006)에요. 「시골장」이라는 곡이 들어 있어요. 김영수 선생님이 미국에서 생활할 때 너무 힘들어서 쓴 시를 노래로 만든 것이죠. 시골장은 물건을 팔기 위해서도 서지만 실은 사람이 그리워서 서는 것이거든요. 가사 중에 이런 구절이 있습니다. "사람이 그리워서 시골장은 서더

라. 연필로 편지 쓰듯 푸성귀를 늘어놓고 노을과 어깨동무 하며 함께 저물더라." 유행가는 듣는 순간 귀에 박혀야 한다고 하지만, 시는 넓고 깊은 의미를 담고 있어요. 그래서 저는 가사로 시를 많이 써요. 그런 시들을 노래하니 청중들의 마음에 와닿는 것이겠죠.

제6집은 『꽃구경』(2008)인데, 「꽃구경」이라는 시가 꼭 저한테 하는 얘기 같았어요. 평생 효도를 제대로 못한 자식 얘기 제가 늦은 나이에 가수로 성공했잖아요. 어머니가 중환자실에서 호흡기 다신 채로 우리 아들 노래한다고 자랑하시더라고요. 제가 부끄럽다고 말하지 말라고 했어요. (웃음) 「꽃구경」을 초연할 때 시인 선생님을 초청해서 노래를 선보였습니다. 그러고 한두 달 있다 서울 인사동에서 식사를 대접했어요. 시인 선생님이 저한테 이렇게 말씀하시더군요. "장사익 선생, 나한테 실수했어. 실은 내가 장사익 선생 노래하기 전에 우리 어머니가 치매에 걸리셔서 요양원에 보냈어. 그러고 나서 당신 노래를 들으니 내 시가 부메랑이 돼서 내 마음에 박혔어."

제7집은 『역』(2012)입니다. 제가 『중앙일보』에 실리는 「시가 있는 아침」을 자주 보거든요. 거기에서 「역」이라는 시를 처음 읽었어요. '역'이라고 하면 꿈을 품고 떠나는 곳일 수도 있고, 금의환향하는 곳일 수도 있고, 아무것도 이루지 못한 채 서성이는 곳일 수도 있잖아요. 그런 모습들이 우리네 인생살이 같아요. 사실 이 시는 가정의학과 의사가 쓴 시에요. 한번은 영주 부석사에 있는 병원에 노인들이 바글바글하다기에 가서 봤더니, 노인들이 스트레스도 많이 받고 화병도 나니까 늘 거기 있는 거예요. 시골이나 도시나 요새 사람들은 정신적으로 힘들다는 것을 느꼈죠. 그곳도 또 하나의 '역'이라고 생각해요.

마지막 제8집은 『꽃인 듯 눈물인 듯』(2014)입니다. 「꽃인 듯 눈물인 듯」은 김춘수 선생님의 시예요. 그분은 약간 추상적인 시를 쓰시거든요. 계속 돌고 돌죠. "아무것도 아니고 너도 아니고 나도 아니고…." 그런 시구에서 운율이 생겨요. 처음에는 이 노래를 높낮이 없이 일정한 음으로 부르려고 하다가 그건 코러스로 넣었어요. 대신 제가 그 위에 즉흥으로 소리를 냈습니다. 그러니까 절에서 들릴법한 소리가 나오더군요. 그래서 저는 「꽃인 듯 눈물인 듯」을 노래라기보다는 음악이라고 생각해요.

제1집부터 제8집까지, 음반 하나하나에 선생님이 살아온 삶의 내력과 철학이 담겨 있군요.

제 노래는 이야기이자 스토리니까요. 삶의 이야기를 노래로 하거든요. 청중들은 제 얘기를 들어주는 것이고요. 사실 저는 『중앙일보』의 「시가 있는 아침」에서 소개하는 시에서 제 노래의 가사를 많이 차용합니다. 저는 많이 배우지도 못했고 어휘력도 부족해서 그런 가사를 쓰지 못해요. 그런데 제가 생각했던 걸 시인들이 시로 쓴 거죠. 저는 시의 운율에 고조, 장단,

감정까지 집어넣으니 사람들한테 더 와닿는 거예요.

작년에 목 수술을 하셨다고 들었습니다.

제게 목 수술은 달리기 선수의 다리가 부러진 것 같은 상황이었어요. 생명력이 없어지는 거죠. 눈앞이 깜깜했어요. 한 보름 동안은 말 한마디 못 하고 살았죠. 그때 이런 생각을 했어요. '내가 앞으로 노래할 수 있을까? 내가 노래를 못 하면 뭘 할 수 있을까?' 아무것도 없더라고요. 노래를 잊은 저한테는 이 세상이 눈물이었어요. 그런데 다행히도 잘 회복돼 노래할 수 있게 됐습니다. 그리고 깨달았죠. 노래는 내 인생의 꽃이었구나. 이런 저의 상황이 「꽃인 듯 눈물인 듯」에 겹치더군요. 그래서 지금까지도 그 노래로 콘서트를 계속하고 있어요.

선생님의 음악 이야기를 들으면서 '도'(道)가 생각났습니다. '도'는 길일 수도 있고, 인간의 도리일 수도 있어요. 여러 가지 의미가 있죠. 어떤 의미의 '도'이든 우리 삶과 깊은 연관이 있는데요, 선생님이 생각하시는 삶이란 뭔가요.

삶이란 '길'이라고 생각합니다. 노래하는 것은 저의 16번째 길이에요. 그 길을 벌써 23년 동안 걸어왔죠. 가장 가까운 곳에 진리가 있고 길이 있어요. 너무 급하게 길을 찾으려고, 축지법 쓰듯 멀리 가려고 하지 마세요. 제가 태평소에 목숨을 걸었더니 노래하는 길이 열렸듯이 내가 받드는 곳이 곧 길이에요. 가을이 지나 겨울이 되면 나무들은 모두 옷을 벗어요. 그 덕분에 다시 싹이 돋는 것이고요. 아무리 우리가 문명을 발전시켜도 자연의 순리는 정해져 있고 거기에 순응하며 살아야 해요. 문명은 우리가 편하게 살 수 있도록 하지만 이롭지는 않아요. 어떤 일의 '과정'이 없어져 버리니까요. 제가 노래해서 금방 데뷔했으면 오늘 같은 노래를 부를 수도 없었을 테고 대우받지도 못했을 거예요. 빙 돌아온 그 세월이 저한테는 힘이에요. 인생은 하루하루 초석을 놓는 겁니다. 그러니까 급하게 무언가를 이루려고 하지 말고 지금부터 하나씩 열심히 하면 돼요. 저는 꽤 오랫동안 글씨를 썼어요. 2007년 열린 이상봉 패션쇼에서 제 글씨를 프린트한 옷을 선보인 적도 있죠. 10년이 지나면 강산이 변한다는 말이 의미가 있는 거예요. 너무 어렵게 생각하지 말고 평소에 하고 싶었던 것에 도전해보세요.

남은 길에서 새롭게 이루고 싶은 꿈이 있는지요.

지금처럼 계속 노래하는 게 제 꿈이에요. 저는 젊고, 예쁜 이들이 나와 춤 잘 추는 것도 좋지만 인생의 모습을 보여줄 수 있는 것이 진짜 노래라고 생각합니다. 저처럼 나이 70이 다 돼서도 노래 부를 수 있는 사람이 얼마나 되겠어요. 저는 지금 노래 부를 수 있어서 행복하고, 앞으로도 계속 노래하고 싶을 뿐입니다. 제8집에 마종기 선생님의 「상처」라는 시를 노래한 곡이 있어요. 그 앞 대목이 참 좋습니다.

"내가 어느덧 늙은이의 나이가 되어 사랑스러운 것이 그냥 사랑스럽게 보이고 우스운 것이 거침없이 우습게 보이네. 젊었던 나이의 나여…."

▲ 2018년 평창 동계올림픽 폐회식에서
   애국가를 부르고 있는 장사익.

▼ 폐회식이 마무리될 때쯤 행사 참가자들과
   어우러져서 노는 모습이 소리꾼답다.

mhjy**

이 무엇도 아니고, 너도 아니고, 너도 아니고…. 오로지 소리로써 자신의 길을 가고 있는 진실함. 깊은 울림을 주는 인상적인 인터뷰입니다. 말이 더 이상 필요 없네요.

kjma**

선생님. 전 아직 20대 후반 사회초년생 막내라서, 전쟁 같은 사회에서 살아남는 데 모든 것을 쏟아붓는 비참한 인생이지만, 선생님의 음악을 들으며 지옥 같은 하루하루를 버티고 있습니다. 시간이 있을지 모르겠으나, 선생님의 공연에 참여해서 선생님의 육성을 직접 듣고 싶은 게 저의 바람입니다.

12년간 KBS 메인뉴스 앵커를 맡으며 동시통역대학원을 마치고 돌연 영국으로 유학. 저널리즘 석·박사를 3년 만에 취득한 전설적인 여성 앵커 신은경. 현재 그녀는 2016년 3월 한국청소년활동진흥원(KYWA) 이사장으로 취임해 '고마워Yo' 캠페인으로 청소년을 위한 활동을 활발하게 펼치고 있다.

고마워요? 고마워Yo!

신은경
한국청소년활동진흥원 이사장

우리는 모두 소중한 사람

　신은경 이사장님은 한때 시대를 풍미한 앵커였습니다. 여
성으로서는 대한민국 최초로 단독앵커를 맡기도 했죠. 이처럼
최고의 커리어와 스펙을 쌓은 그가 한 사람의 아내가 되면서
모든 것을 '포기'했습니다. 그 진의(眞意)가 궁금했습니다. 그
리고 인터뷰를 하며 특유의 차분하지만 단단한 목소리로 청소
년을 잘 키우는 일이 얼마나 중요한지 얘기하는 신은경 이사
장님의 목소리에서 그 시간은 '포기'가 아니라 '준비' 과정이었
음을 알게 되었지요. 멀고 높은 곳의 환한 별처럼 여겨졌던 그
는 마주할 수 있는 거리에서 더 환하고 따뜻한 별이 되어 조용
히 사회를 빛내고 있습니다.

한국청소년활동진흥회를 이끌고 있는 신은경 이사장.
한때 KBS의 간판앵커였던 그는
현재 청소년을 위한 활동에 매진하고 있다.

오랜만입니다. 그동안 어떻게 지내셨는지요.

2016년 3월 한국청소년활동진흥원(이하 진흥원)의 이사장으로 취임했습니다. 진흥원은 여성가족부 산하기관으로 청소년 정책을 실행하고 있어요. 청소년활동진흥법에 따라 청소년의 건강한 성장과 역량개발을 지원하는 것이죠. 우리나라 청소년은 학업과 입시에만 매달리고 있잖아요. 그런데 이렇게 획일적으로 공부하면 정작 자신이 무엇을 잘하고, 무엇을 하고 싶은지 알 수 없어요. 장래에 대한 꿈도 꾸지 못하죠. 청소년은 놀 권리가 있고 놀 기회를 누려야 해요. 다양한 경험을 해야 본인의 재능과 적성을 알 수 있으니까요. 얼마 전에는 아시아-유럽 재단(ASEF)이 개최하는 'Young Leaders Summit'에서 기조연설을 했어요. 워낙 영어를 안 한 지 오래돼서 자신도 없고 부끄러웠지만 연설을 해야겠다고 결심한 건 우리나라의 청소년 정책기관을 세계에 알리기 위해서였어요. 그래야 2018년 벨기에에서 열리는 회의에 우리나라의 기관 관계자들과 청소년들이 참석할 수 있거든요.

진흥원은 구체적으로 어떤 활동을 하고 있나요.

국립청소년수련원 다섯 곳을 직접 운영하고 있습니다. 충남 천안과 강원도 평창에는 종합적인 체험활동을 제공하는 수련원이 있어요. 그리고 전남 고흥에는 우주, 전북 김제에는 농업생명, 경북 영덕에는 해양환경을 테마로 한 특성화 체험센터가 있습니다. 만약 1년 동안 전남 오년 동안 고흥에 몇백 명의 아이가 견학 가서 그중 세 명만이라도 우주과학자의 꿈을 꾼 다면 의미가 있는 거죠.

이 외에도 30여 개국의 청소년이 국제적으로 교류할 수 있는 프로그램과 청소년이 편리하게 봉사할 수 있도록 한 'Dovol'(Do volunteer)이라는 서비스도 제공하고 있어요. 또 정 책참여 프로그램도 있는데, 실제로 아이들이 만든 정책을 정부 에서 시행하기도 해요. 지난해 주제는 '틀림이 아닌 다름, 소수 를 사수하라'였어요.

그리고 맞벌이나 조손가정 아이들을 위한 국가 정책 사업 인 '방과후아카데미'가 있어요. 쉽게 얘기하면 공부방처럼 돌 봄 서비스를 제공하는 건데, 진흥원은 민간 기업과의 협력을 통해 이 사업을 돕고 있어요. 푸르덴셜생명은 경제교육을 제공 하고, CJ푸드빌은 '착한빵' 캠페인을 펼치고, 세종문화회관은 공연을 보여주는 식으로요. 방과후아카데미는 전국에 200여 개가 있고 약 9,000명의 아이가 참가하고 있어요.

진흥원을 새롭게 이끌어갈 비전은 뭔가요.

제가 작년 6월부터 '고마워Yo'라는 캠페인을 새로 시작했 어요. 경제협력개발기구 자료를 보니 한국 청소년이 공부를 제 일 많이 하고 제일 잘하지만, 행복지수는 바닥이더라고요. 어 떻게 하면 청소년을 행복하게 할 수 있을까 생각했죠. 입에서 나오는 말이 감사의 말이라면 아이들이 행복해질 수 있을 것 같았어요. 그래서 생각해낸 게 고마워Yo 캠페인이에요. 처음에는 135개 기관과 함께했는데 지금은 350개 기관이 참여해요. 그리고 앱도 만들었어요. 이를 통해 매일 네다섯 가지 감사할 일을 일기로 쓰고 서로 소통할 수 있죠. 저는 감사란 기적이라고 생각해요. 청소년 개개인을 행복하게 할 뿐만 아니라 학교폭력도 예방할 수 있거든요. 최근 학교폭력이 사회적으로 큰 문제잖아요. 특히 언어폭력이 무서운 거예요. 중앙대학교 부속초등학교는 2013년부터 자체적으로 감사운동을 진행하고 있는데 3년 동안 학교폭력이 단 한 건도 발생하지 않았고, 학생들의 행복지수가 79퍼센트에서 91퍼센트로 올랐대요. 비단 학교뿐만 아니라 우리 사회 자체가 너무 극단적으로 나뉘어 있고 서로 미워하고 분노하고 있잖아요. 그래서 저는 고마워Yo 캠페인이 전 국적으로 확산됐으면 좋겠어요.

고마워Yo 캠페인을 하면서 기억에 남는 사례가 있나요.

　　청소년치료보호시설인 효광원에 직접 찾아가 고마워Yo 캠페인을 설명한 적이 있습니다. 제 앞에 앉아 있던 100여 명의 아이는 어린 나이에 잠깐의 실수로 죄를 지었지만 스스로 나아지고 싶어 했고 새로운 삶을 살기를 원했어요. 강의가 끝나고 열흘쯤 지났을 때 효광원에 있는 다섯 명의 소년이 편지를 보냈어요.

"제게 행복과 자신감을 되찾아주셔서 정말 감사합니다."
"오늘 이사장님을 만나 얘기를 들으며 제 인생을 돌아보고 앞으로의 미래를 생각해볼 수 있었습니다." "이곳을 나가 앞으로 열심히 살면, 흙수저였던 제가 금수저로 바뀔 수 있다는 희망을 품게 되었습니다."

저는 큰 충격을 받았습니다. 아이들이 이렇게 단정하게 자신의 속마음을 쓴 긴 편지를 보낼 줄 몰랐거든요. 고마워Yo 캠페인의 효과를 가슴 깊이 느낀 순간이었죠. 또 저는 감사의 기적이 직장에서도 일어날 수 있다고 생각해요. 그래서 저는 출산한 여직원들에게 감사와 축하의 카드를 손수 써서 보내요. 그 편지가 귀한 아기 잘 키우고 육아휴직 충분히 사용하고 돌아오라는, 우리는 당신을 기다린다는 무언의 안심을 주거든요. 최근에는 여성 간부들의 친정 부모님들께도 감사의 편지를 썼어요. 이렇게 훌륭하게 키워주셔서 우리 조직의 유능한 인재로 일하고 있으니 감사드린다고요. 그런데 편지를 받으신 어머니 한 분께서 제게 또 감사의 편지를 보내셨어요. 제 편지를 읽고 눈물을 흘리며 온 가족에게 자랑하셨다는 거예요. 편지를 받은 그날 마침 특강을 한 저는 청중 앞에서 그 어머니의 편지를 직접 읽었어요. 맨 앞에서 강의를 들으시던 한 분이 눈물을 훔치시더군요. 감동은 또 감동을 낳고 그렇게 이어져 가는 거예요. 그 시작은 감사고요.

대학을 졸업하고 보통 10~12월에 직장을 구하잖아요. 저
는 아나운서가 되고 싶었어요. 맨 처음 공고가 난 MBC에 지
원했는데 얼마나 지원자가 많은지, 제 생각엔 예문을 한 30초
읽은 것 같은데 그만 읽으라고 하더군요. 당연히 1차 시험에서
떨어졌지요. 제가 떨어진 이유가 뭐지 따지려고 MBC에 가는
도중 '떨어트릴 만해서 떨어트렸다는 말을 들으면 어떡하지?'
라는 생각이 드는 거예요. 그래서 다시 집으로 돌아갔죠. 그다
음에는 긴 생머리를 단발로 자르고 TBC에 지원했어요. 최종
면접만을 앞둔 상황에서 방송통폐합이 실행되는 바람에 제 꿈
은 다시 한번 좌절됐죠. 그때가 1980년 11월이었어요. 그 후로
공립학교 교사 시험을 성급히 치렀지만 낙방했고, 민간기업 비
서실에도 지원했지만 회사가 합병되는 바람에 또 무산됐어요.
그렇게 11월부터 4월까지 5개월 동안 백수로 지내며 좌절의
시기를 겪었어요. 그러다 1981년 4월 25일 드디어 KBS 공채
가 떴습니다. 한 달 동안 최선을 다해 시험을 치르고 5월 25일
합격했어요. 누군가 저에게 "다섯 달 뒤에 넌 KBS 붙을 수 있
을 거야"라고 말해줬다면 그렇게까지 힘들지 않았겠죠. 하지만
당시 그 5개월은 제게 앞이 보이지 않는 깜깜한 터널과 같았어
요. 제가 하고 싶은 얘기는 어두운 터널 끝에는 반드시 환한 빛
이 있다는 거예요. 터널의 길이에 차이가 있을 뿐이지요. 저는

요즘 청년들에게 본인의 자리는 어딘가 꼭 있을 테니 너무 좌절하지 말라고 말해주고 싶어요.

아나운서를 꿈꾸게 된 계기가 뭔가요.

저는 중학교 2학년 때 아버지가 돌아가시면서 자존감이 매우 낮아졌습니다. 가만히 있으면 사람들이 저를 불쌍하게 볼 것 같아서 일부러 까불고 그랬어요. 공부도 제대로 안 하고 지내다 진명여고에 입학했는데, 수학 시험에서 40점을 받은 거예요. 너무 충격받아 그 후로는 거의 공부를 놔버렸죠. 그러다 어느 날 이정숙 국어선생님이 저에게 책을 읽어보라고 하셨어요. 책을 읽었더니 "여러분 어때요? 정말 듣기 좋죠?"라며 칭찬하시는 거예요. 그리고 저에게 아나운서를 해보는 게 어떠냐고 권하셨어요. 그 말에 정말 감명받았어요. 사실 그 국어선생님이 매우 무서운 분이셨는데, 그분이 저를 인정해주셨다는 게 제 자존감을 높이는 데 큰 도움이 됐어요. 그렇게 아나운서를 꿈꾸게 됐고 KBS 9시 뉴스까지 맡게 됐죠. 사실 지금도 너무 힘들 때 꾸는 악몽 두 가지가 있는데, 하나는 수학 시험 치르는 꿈, 하나는 9시 뉴스를 해야 하는데 8시 20분에 일어나는 꿈이에요. (웃음)

국어선생님의 말 한마디가 삶을 바꿨네요.

말에는 힘이 있습니다. 그래서 부모도 아이를 야단치기보다는 칭찬을 많이 해야 해요. "잘한다" "한번 해봐라" 같은 말이 아이에게는 큰 힘이 됩니다. 제 어머니도 남동생한테 항상 "넌 클수록 점점 잘하는구나" 하고 칭찬하셨어요. 사실 제 남동생은 엄청 개구쟁이였거든요. 대학도 떨어졌고요. 그런데도 어머니는 항상 "넌 잘될 거야"라고 말씀하셨어요. 결국 제 남동생은 현재 대기업의 중요 임원이 되었어요. 어머니의 말씀이 제 남동생을 만든 거죠. 제 강의도 이러한 내용을 담고 있어요. 수강생들의 눈빛을 보면 변화가 생긴 걸 알 수 있지요. 저는 제 강의가 수많은 청중 가운데 단 한 명만이라도 설득할 수 있다면 제 할 일을 다 했다고 생각해요.

아나운서로 합격해 9시 뉴스 앵커를 맡는 게 쉬운 일은 아니잖아요.

합격 후 3개월 연수를 마치고 1981년 9월 첫 주에 처음으로 방송을 했어요. 이동방송차를 타고 남산에 올라가 5분 동안 시내스케치를 하는 거였죠. 보통 방송하고 들어오면 선배들이 평가하거든요. 근데 한 선배가 "신은경 왔어? 이리 좀 와봐"라며 실장님 방으로 부르더군요. 제가 뭘 잘못했는지 알고 떨리는 마음으로 갔더니 9시 뉴스를 하라는 거예요. 방송통폐합 후 개편하면서 아나운서를 정하지 못하자 차라리 신인을 내보내자고 결론을 냈던 것 같아요. 그렇게 7년간 주중 공동앵커로, 이후 5년간 주말 단독앵커로 9시 뉴스를 진행했어요.

저는 주중앵커를 너무 오래 해서 주말로 밀려난 거라고 생각했어요. 근데 오히려 여성 단독앵커의 시대가 열렸다며 일본『요미우리신문』에서 취재를 오기도 했습니다. 사실 저는 그렇게 혁신적이거나 용감한 사람이 아니에요. 그런데 이상하게도 무언가를 처음으로 많이 하게 됐어요. 여성 단독앵커이기도 했고 처음으로 컬러TV에 얼굴을 내비친 아나운서이기도 했고요. 하지만 뭔가를 '처음' 한다는 건 항상 힘들어요. 저 역시 장고 끝에 악수를 둔다고 휴직을 선언한 적이 있어요. 동시통역대학원을 다니고 싶다고 말했더니, 낮에 일을 못 하는 만큼 근무 시간의 절반은 새벽에 라디오를, 나머지 절반은 저녁에 뉴스를 진행하면서 채우라고 하더군요. 직장을 다니면서 공부할 수 있으니까 좋았지만 너무 힘들었어요. 커피를 마시면서도 잠에 빠질 정도로 피곤했으니까요. 그렇게 2년을 공부해 한국외국어대학교 통번역대학원에서 석사학위를 받았어요. 그러면서 깨달은 건 인생은 계단을 오르듯 발전한다는 거예요. 한 단계 오르고 나면 아무리 노력해도 아무것도 이루지 못할 때가 오잖아요. 그 시기가 지나면 또 한 단계 올라갈 수 있고요. 중요한 건 열심히 노력해도 아무 발전이 없는 그 시기를 잘 견뎌내는 거예요.

KBS 간판앵커로 활동하다 유학의 길을 선택하신 이유는 뭔가요.

박수칠 때 떠나야 한다고 생각했어요. 최고의 자리에 있을 때 제가 뭔가를 더 하지 않으면 내리막길을 걸을 수밖에 없다고 생각했거든요. 그래서 영국 웨일스대학교에서 언론학 석·박사를 취득해야겠다고 결심했습니다. 그때가 서른다섯 살 즈음이었어요. 거의 전 국민한테 알리고 유학길에 올랐기 때문에 부담감도 컸습니다. 서른 넘어서 공부하러 가니 열심히 하라며 격려해주는 사람도 있었지만, 이제 와서 무슨 공부냐고 비아냥거리는 사람도 있었어요. 물론 외국에서 박사학위까지 따는 게 쉬운 일은 아니었지만 포기하고 돌아오면 "그럼 그렇지"라는 소리를 들을까 봐 더 열심히 했던 것 같아요.

어떻게 3년 만에 석·박사학위를 취득하셨나요.

웨일스대학교 저널리즘센터에는 전 세계의 중견언론인들이 모입니다. 10년 이상의 경력이 있으면 석사학위 과정을 1년 만에 마치고 박사학위 과정을 밟을 수 있도록 해주거든요. 중견언론인에게 굳이 기초 과정부터 가르칠 필요가 없다는 겁니다. 저는 '50년 동안 다른 정치 시스템에서 변화된 남북한의 언어 이질화'를 주제로 박사학위 논문을 썼어요.

유학생활은 어땠나요.

어머니가 가서 라면만 먹고 살면 안 된다고 홍삼과 마

를 갈아서 주셨어요. 그래서 그걸 먹거나 나머지는 제가 만들어 먹었죠. 시간이 없으니 찐 채소와 삶은 스파게티 면을 냉동해놓고 그걸 소스와 함께 통에 담아서 들고 다녔어요. 미역국에 감자를 넣고 푹 끓여서 먹기도 하고요. 저는 루이스 할머니가 운영하는 하숙집에서 지냈는데, 유고슬라비아 학생이 그 미역국을 어찌나 맛있게 먹던지요. 어떤 외국 학생은 제가 가지고 간 고추장볶음을 빵에 발라 먹기도 했고요. 루이스 할머니는 아침에는 빙고게임을 즐기고 오후에는 장을 보고 5시에는 저녁식사에 티 한 잔을 곁들여 먹고 방에 들어가 TV와 뉴스를 보는, 아주 규칙적인 삶을 사시는 분이셨어요. 어느 날은 루이스 할머니께서 매우 아프셨어요. 그래서 제가 참기름과 고춧가루를 넣고 여러 가지 채소와 면을 볶은 요리를 만들어드렸어요. 루이스 할머니께서 땀을 뻘뻘 흘리면서 제 요리를 드신 후 다 나았다고 하신 게 아직도 기억나요.

포기하고 싶은 순간은 없었나요.

　　힘들 때면 수영장을 찾았습니다. 아무 생각도 하지 않고 그저 수영만 하다 보면 어느 순간 머릿속이 하얘지면서 어떤 생각이 딱 떠오를 때가 있거든요. 사실 500장짜리 논문을 쓰는 게 쉬운 일은 아니잖아요. 먼저 제목과 목차, 소제목을 모두 쓰니까 꽤 여러 장이 나오더군요. 그리고 나서 감사의 말을 미리 썼어요. 도움 주신 분들께 감사하고 이 논문을 쓰면서 터널 끝에는 반드시 빛이 있다는 걸 깨달았다고요. 그렇게 500장 중 20여 장을 먼저 쓰고 시작했어요. 논문을 다 쓰고 나면 교수님들이 어떤 부분은 좋고 어떤 부분은 부족한지 등을 평가해 통과여부를 결정하는 디펜스 과정을 거쳐요. 열심히 쓴 논문이 통과되고 밖으로 나왔는데 어느새 봄이 온 거예요. 전 사실 박사학위 과정이 끝나면 정말 신날 줄 알았는데 의외로 덤덤했어요. 아지랑이가 올라오고 고요한 가운데 '끝났네'라는 생각만 들었습니다. 그 뒤로는 어떤 일이 닥쳐도 헤쳐나갈 자신감이 생겼어요. 그렇게 저에게 주어진 일보따리를 하나씩 해결해나갔죠.

따님을 위한 편지를 준비해오셨다고요.

사랑하는 나의 딸에게.

아가가 어느새 자라 든든한 대학생이 되었구나. 엄마가 너의 어깨에 기댈 만큼 키가 크다니!

너에겐 항상 감사하고, 미안하고, 안쓰럽고, 사랑하는 마음 많고 깊지만 그동안 말로 다 하지 못했던 것 같다.

엄마, 아빠에게 귀하고 영리한 딸로 이 세상에 와주어서 고마워.

넌 어려서부터 "아빠, 엄마 사랑해요"라고 수없이 많은 편지에, 일기에, 그림일기에, 쓰고 그려주었단다. 귀엽고 사랑스럽고 아름다운 목소리로 "엄마"라고 불러주었단다. 함께 걸어갈 때 엄마에게 어깨동무해주고 등과 허리를 다정하게 쓰다듬어주었고. 엄마 머리에 손을 얹고 축복기도 해주었단다.

어려운 공부 잘해내고, 대학에서 동아리 활동, 행사, 합창 등 활발하고 균형 있게 생활해주어 기특하고 고맙다. 낭비하지 않고 근검절약하는 너의 삶의 태도 또한 고맙구나.

생각만 해도 가슴이 뛰는 일을 평생 하며 살기를 바라며 미리 감사한다. 자신 있고 당당하게 삶을 개척해나가길 응원한다. 너의 밝은 미래를 위해 역량을 개발하고, 공부하고 배운 것, 번 것은 남을 위해, 세상을 위해 아낌없이 쓰는 인생이 되기를 바란다.

하나님을 경외하고 그분이 주신 목적대로 사는 가정, 남을 위해 봉사하고 그 기쁨을 나누는 가정을 꾸렸으면 좋겠다. 어떤 어려움에서도 기도하며 용기를 잃지 않고 늘 'Bright Side'에 서 있기를 바란다. 남을 돕는 기회를 가지며 나누며 베풀며 살아라.

엄마가 나이 들어도 너와 마음을 열고 서로 이야기하는 존재가 되었으면 좋겠고, 엄마, 아빠가 어떤 형태로든 너의 미래의 삶에 든든한 의지가 되어 줄 수 있기를 소망한다.

너의 아름다운 이름을 세상에 남기는 선한 영향력의 사람이 되기를 기도하며, 나이 들면서도 더욱 기품 있는 여성이 되길 바라며, 이 모든 것을 미리 보며 감사한다.

사랑한다. 내 딸아.

마지막으로 이 시대를 살아가는 젊은이들에게 한 말씀 부탁드립니다.

제가 고등학교 때 읽은 책에 이런 구절이 있었어요. "세상에는 커다란 나무도 있지만 작은 풀들도 있다. 당신이 큰 나무여도 좋겠지만 작은 풀이더라도 걱정하거나 슬퍼하지 마라. 큰 나무와 작은 풀이 함께 이루는 게 세상이니까." 어렸던 제게 이 말이 굉장히 위안이 되고 힘이 됐어요. 보통 꿈꾸라고 하면 너무 거창하게 생각하는데 그냥 작은 풀로 살아도 괜찮아요. 그리고 그런 사회가 될 수 있도록 만들어가는 게 우리 세대의 임무라고 생각합니다. 본인이 세상에 태어난 데는 다 이유가 있어요. 이 세상에 흙수저, 금수저는 없어요. 모두가 소중한 사람이죠.

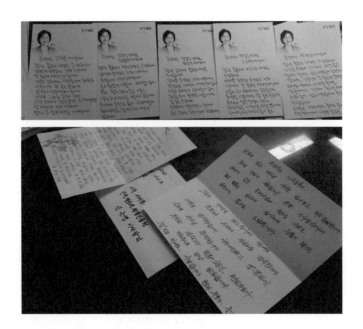

신은경 이사장은 진흥원에 속한 여성 간부의
친정 부모님들께 직접 편지를 쓴다.
훌륭하게 키워주셔서 감사드린다는 편지에
부모님들도 감사의 답장을 보낸다.
감동은 또 감동을 낳는다.

ions**

살아가는 모습은 제각기 다르겠지만 인터뷰를 읽고 나면
제 삶의 자세를 돌아보게 됩니다. 감사합니다.

jh96**

잘 읽었습니다. 앞으로도 기대 많이 하겠습니다.

chak**

늘 깊이 있는 인터뷰 감사드립니다.

'아홉 살의 나이로 5킬로미터 달리기 완주. 해발 3,870미터 로키산맥 등정.' 올해 스물한 살인 수영선수 김세진이 세운 기록이다. 김세진은 선천성 무형성장애로 두 다리와 오른손이 없다. 하지만 끊임없는 노력과 열정으로 비장애인 대회에도 당당히 출전했다. 그리고 그 뒤에는 항상 그를 지원해주는 어머니, 양정숙이 있다. 양정숙은 김세진을 끊임없이 넘어뜨리며 다시 일어서는 법을 가르쳤다. 여자가 아닌 엄마로 살아야 했던 양정숙과 그가 가슴으로 낳은 아들 김세진. 이 둘은 오늘도 한계에 도전하고 있다.

두 다리 없는 아들과 철인 엄마

양정숙
로봇다리 김세진 군의 어머니

"특별하시네요." "특이합니다." 인터뷰한 두 시간 동안 가장 많이 한 말입니다. 양정숙 님과 대화하면서 '그 상황에서 나라면 과연 그런 선택을 할 수 있었을까' 싶었죠. 절박한 상황에도 굴하지 않고 기지를 발휘해 헤쳐나온 일화들을 들을 때는 대리만족을 넘어 쾌감까지 느꼈습니다. 김세진 군을 키우며 겪었던 전쟁 같은 상황들을 얘기하면서 양정숙 님은 불쑥 "난 부족한 엄마입니다"라고 말했지요. 그 말에 순간 아무 말도 할 수 없었습니다. 강철 같고 꽃잎 같은 사람, 양정숙 님을 만나고 돌아가는 길, 문득 '용기'라는 단어가 떠올랐습니다.

로봇다리 김세진을 가슴으로 낳아 키운 양정숙.
스무 살 때 독립해 자판기 사업을 할 정도로 남다른 그녀지만,
여전히 '부족한 엄마'임을 자처한다.

지금 잠시 학업과 수영을 멈추고 쉬고 있어요. 그리고 미국으로 유학을 가기 위해 학교를 알아보고 있습니다. 세진이는 대학원에서 재활·심리와 관련된 공부를 하고 싶어 해요. 구체적으로는 마이너로 떨어진 선수들을 다시 메이저로 끌어올리는 일이죠. 대학원 졸업 후에는 UN에서 공공외교에 관련된 일을 하고 싶어 하고 궁극적으로는 IOC 위원이 되는 것이 꿈이에요. 그러기 위해선 미국 대학에서 공부해야겠죠.

김세진 군은 대학교에서 성적우수 장학금을 받을 정도로 똑똑하다고 들었습니다. 22개월 때 벌써 "엄마는 나무지요. 나는 새지요. 그래서 내가 엄마 가슴에 집을 지었지요"라고 말했다고요.

세진이는 어렸을 때부터 말을 잘했어요. 그 말을 하고 몇 년이 지나 장애아동 봉사활동을 하러 갔는데 한 아이가 세진이한테 고향이 어디냐고 묻더군요. 그때가 추석이었거든요. 세진이가 대답했어요. "나는 우리 엄마 가슴이 고향이야." 그 아이가 또 물어요. "그럼 내 고향은?" 그랬더니 세진이가 그 아이의 손을 잡으며 "그럼 네 고향도 우리 엄마 가슴으로 하자"라고 말하더군요. 얼마나 가슴이 아프던지요. 후에 그 아이는 두 번이나 파양당했어요. 지금은 어느 목사님 가정에서 잘 자라고 있다고 합니다.

그럼요. 아주 심하게 겪었죠. 베란다에서 뛰어내리겠다고 한 적도 있어요. 그때 제가 세진이한테 물어봤어요. "너 지금 죽고 싶어? 아니면 죽을 만큼 힘든 거야?" 죽을 만큼 힘들대요. 또 물었어요. "그럼 지금 네 얘기를 누가 들어줬으면 좋겠어? 아니면 아무한테도 얘기하기 싫어?" 들어줬으면 좋겠대요. "그럼 내려와." 제 아들을 식탁에 앉혀놓고 소주를 꺼내왔어요. 세진이한테 소주를 한 잔 주며 말했어요. "소주 딱 한 잔만 마시고 남자답게 털어봐." 그랬더니 다 얘기하더라고요. 2012년 런던 올림픽에 출전해 최연소 타이틀을 달고 싶었던 것, 그 꿈이 좌절된 것, 그 때문에 믿었던 사람들이 등을 돌린 것까지요.

하루는 세진이가 피를 흘리면서 집에 왔어요. 형들이 화장실에서 망치로 의족을 내리쳤다는 거예요. 순간 세진이를 때린 아이들한테도 화가 났지만, 학교 가는 길목에서 장사하는 사람들한테도 너무 화가 나더라고요. 세진이가 피 흘리는 걸 다 봤을 텐데 아무도 도와주지 않았다는 게 괘씸했어요. 그렇게 신발도 제대로 못 신은 채로 뛰어나가 길거리 상인들한테 소리 지르면서 학교에 갔어요. 세진이를 괴롭힌 아이들을 보는 순간 화가 치밀어 올랐지만 한 템포 쉬고 생각했어요. '하느님. 제가 지금 저 아이들을 때릴 수 있는데, 제가 그러면 저 아이들이 평생 제 아이를 때리겠죠?' 그래서 일단 아이들을 불러 말을 걸었어요. "너희 굉장히 재미있게 노는데 불러서 미안해. 아줌마가 부러워서 그래. 나도 아들이 있는데 그렇게 못 놀거든." 아이들한테 빵과 음료수를 사주고 계속 얘기했어요. "아줌마는 아까부터 여기 있었고, 너희가 화장실에서 나오는 걸 봤어." 두 아이는 고개를 떨어뜨렸고 한 아이는 뻔뻔하게 말했어요. "걔는 사람이 아니라 로봇이잖아요. 걔는 맞아도 안 아파요." 그 말을 듣고 저는 그 아이의 얼굴 앞에 물이 가득 든 물컵을 갖다 댔어요. 물이 넘쳐 아이의 얼굴에 튀었죠. 그랬더니 아이가 "아줌마 저한테 왜 이러세요? 빵 사주고 할 때부터 이상하다고 생각했어"라고 말하더군요. 그래서 전 이렇게 대꾸했어요. "놀랬어? 물방울이 튈 줄 몰랐어. 근데 걔도 놀라지 않았을까? 걔가 로봇다리라서 아프지는 않을지 몰라도 놀라지 않았을까? 사실은 내가 그 아이의 엄마야." 그 얘기를 듣고 두 아이는 눈물을 흘리는데 한 아이는 끝까지 반성하지 않더라고요. 망치는 어디서 났냐고 물으니 과학시간에 쓰던 플라스틱 교구였고, 그게 깨지면서 세진이 피부가 찢어진 거였어요. "내일 아침까지 사과하면 세진이도 너희를 미워하지 않을 거고 너희도 세진이를 보기에 불편하지 않을 거야. 아줌마는 너희가 잘못했다고 생각하지 않아. 몰라서 그랬다고 생각하지." 그렇게 아이들을 화해시켰는데 그 아이들의 어머니들이 찾아와서는 어디서 남의 집 귀한 아들을 훈계하느냐고 말씀하시더군요.

저와 세진이는 방송으로 만난 배우 차인표, 신애라 부부와 친하게 지내요. 2013년에 차인표 님이 SBS 예능프로그램 「땡큐」를 진행했는데 세진이를 섭외했어요. 다른 사람들이 카메라 앞에서 막 이야기하니까, 세진이도 자기가 무언가를 이야기해야 하는 줄 알았나 봐요. '고아' '시설' '버려졌다' 등 하지 말아야 할 얘기들까지 세진이가 모조리 해버린 거죠. 그래서 사실 저는 세진이 이야기가 방송에 나가지 않길 바랐어요. 제작진이 저를 설득하기 위해 세진이가 나온 부분을 보여줬는데, 제가 봐도 눈물이 나더군요. 그 영상이 시청자들에게 큰 반응을 이끌어냈어요. 그 뒤로 「세상을 바꾸는 시간 15분」에도 출연하며 세진이의 이야기가 더욱 널리 알려지게 됐습니다.

사실 외국에서 경기할 때면 매번 제가 애국가를 부릅니다. 그날은 특별히 제가 마이크를 들고 불렀을 뿐이지요. 그때가 독일에서 개최된 세계 장애인 선수권 대회였어요. 그 시합에서 세진이가 금메달 세 개, 은메달 네 개를 땄습니다. 그런데 세진이가 시상대에 올라가도 다른 나라의 국기만 올라가고 우리나라 국기는 보이지도 않더라고요. 애국가마저 울리지 않았습니다. 사회자한테 물어봤더니 "'Korea'라고만 써서 북한인지

남한인지 몰랐고, 한국이라는 조그만 나라에서 엄마와 아이 단둘이 나와 이렇게 메달을 딸 줄 몰라서 미처 준비하지 못했습니다"라는 대답만 돌아왔어요. 그래서 급히 세진이는 자기 이름이 적혀 있는 종이 뒷면에 볼펜으로 태극기를 그렸고, 저는 사회자 마이크를 뺏어 큰 목소리로 애국가를 불렀습니다. 집으로 돌아가던 많은 사람이 되돌아와서 박수를 보내줬어요. 그날 이후 태극기 모자로 유명해졌습니다.

김세진 군의 이야기도 감동적이지만, 양정숙 님의 어릴 적 이야기도 무척 궁금합니다.

어머니가 노산으로 돌아가셔서 저는 유모의 손에 자랐습니다. 한약 유통업을 하시던 아버지는 재벌은 아니었지만 현금이 많았어요. 하지만 아버지는 재가하지 않으셨습니다. 저를 키워야 하기 때문이었어요. 아버지는 세상에서 제일 잘한 일이 어머니를 사랑한 것 그리고 저를 낳은 것이라고 말씀하실 정도로 저를 많이 예뻐하셨어요.

그런 아버지께서 양정숙 님을 스무 살에 독립시키고 재산도 물려주지 않으셨다고요.

아버지는 전 재산을 사회에 환원하셨습니다. 제게 재산을 물려주셨으면 저는 돈을 똥같이 생각하고 매우 교만하게 살았을 거예요. 사실 제가 어렸을 때 공부도 못하고 좀 놀았거든요.

그랬더니 아버지가 재산을 빨리 정리하시더라고요. (웃음) 스무 살에 독립하는 건 아버지랑 약속한 일이었습니다. 하지만 저를 진짜 내보내시진 않을 거라고 생각했죠. 제가 스무 살이 되던 날, 비가 부슬부슬 왔는데, 저는 쫓겨날까 무서워서 아픈 척하고 휠체어에 앉아 있었어요. 그랬더니 아버지가 저를 그대로 내보내시더라고요. 처음엔 너무 어이없고 기가 막혀서 눈물도 안 났어요. 이내 정신을 차리고 아버지랑 타협하기로 했죠. 먼저 가져가야 할 물건들이 있다면서 집에 들어갔습니다. 그리고 아버지 앞에 무릎을 꿇은 채 월세로 10만 원씩 드릴 테니 집에서 살게 해달라고 했어요. 아버지께서 허락하시자 제게 당장 돈이 없으니 일단 50만 원만 빌려달라고도 했죠. 그 돈으로 커피자판기를 사 건설현장 근처에 있는 밥집에 놔뒀습니다. 일하시는 분들이 커피를 많이 마시거든요. 그걸로 돈을 많이 벌었죠. 이후에는 축제 때 소주 한 박스 사는 조건으로 대학교에 자판기를 설치했어요. 그렇게 라면자판기, 콜라자판기 등 많은 사업을 했어요. 학교에 천막을 치고 테이블, 의자 그리고 자판기를 설치해 코인하우스도 만들었고요. 사업이 승승장구하던 중 자판기에 바퀴벌레가 산다는 뉴스가 나왔어요. 사업이 망할 위기에 처한 것이죠. 그래서 저는 자판기에 투명 아크릴을 끼워 내부가 보이도록 했어요. 그리고 요즘 정수기처럼 청소한 날짜를 종이에 적어 잘 보이는 곳에 붙였어요. 제 사업은 다시 흥했고, 그렇게 번 돈으로 야학을 세워 장애인의 외출을 돕는 일과 공부 가르치는 일을 함께했어요.

젊은 나이에 번 돈으로 봉사활동을 하는 게 쉬운 일은 아니잖아요.

아버지는 어렸을 때부터 제게 일주일에 한 번은 꼭 봉사를 시키셨어요. 경로당 할머니들께 안마해드리거나 노래를 불러드리거나 했죠. 또 넝마주이 아저씨들께 밥을 차려드리기도 했습니다. 이때 아버지는 새치기하는 분께는 밥을 드리지 않았고, 돌이라도 하나 치우는 분께는 일자리를 드렸어요. 하지만 이런 아버지도 사람인지라 삶 전체가 훌륭하셨던 건 아닙니다. 그래도 저는 아버지의 훌륭하셨던 부분을 전체 이상으로 생각하려고 해요. 굳이 안 좋은 모습까지 기억할 필요는 없으니까요.

김세진 군을 입양했을 때 아버지는 뭐라고 말씀하시던가요.

아버지께서 꼭 이렇게 살아야만 하냐고 많이 우셨어요. 이 땅에 장애인으로 사는 것이 어떤 건지 알고 있느냐고, 네가 저 아이의 엄마로 산다는 것이 네 눈 찌르는 일이고 네 무덤 파는 일인데, 그래도 그렇게 하겠느냐고 물어보셨어요. 그리고 정녕 네가 저 아이의 엄마로 살겠거든 세 가지를 약속하라고 하셨어요.

"첫째, 네가 엄마로 살려면 누구 앞에서도 여자가 되려고 하지 마라.

둘째, 세상에 맞서지 마라. 세상은 싸워서 이길 수 없다. 그저 용서만이 상생이며 살길이다.

셋째, 좋아도 참아라. 좋다고 날뛰고, 싫다고 머리 박고 다니지 말라는 뜻이다. 자식이 너를 보고 무엇을 배울지 생각하고 너의 언행을 조심해라."

김세진 군에게 동생 두 명이 더 생겼다고요.

입양한 건 아니고 결연가족을 맺었습니다. 저는 한 부모고 재산이나 일정한 수익이 없기 때문이죠. 그 아이들은 월요일부터 목요일까지는 시설에서 보내고 금요일부터 일요일까지는 우리 가족과 함께 지내요. 시설의 모든 사람이 우리 가족이 이 아이들을 돌보고 있다는 걸 알고 있지만 법적으로 같이 살수가 없어요. 제가 무리해서 이 아이들을 데려오면 좋지 않은 전례로 남아 다른 아이들이 합당하지 않은 가정에 가게 될까 봐 결연가족으로만 지내고 있어요. 제 마음만 엄마이면 되는 거예요.

김세진 군 때문에 온 가족이 집에서 기어 다닌다고 들었습니다.

세진이를 내려다보고 싶지 않았고 세진이의 자존감을 떨

228

어뜨리고 싶지 않았습니다. 사실 먼저 기어 다니기 시작한 건 세진이의 큰누나, 제 큰딸이에요. 큰딸은 세진이 일이라 그러면 뭐든지 지극정성이에요. 핸드폰에도 '★내새끼★'라고 저장해놨고요. 세진이는 저를 나의 태양, 큰누나를 나의 달이라고 해요. 그만큼 큰누나는 세진이에게 소중한 존재죠. 큰딸은 남편과 결혼할 때 세진이와 같이 목욕탕을 가는 걸 조건으로 걸었어요. 세진이한테 아빠가 없으니까 남자목욕탕을 한 번도 못 가본 게 속상했나 봐요. 세진이가 평범하게 살길 바랐던 거죠. 인사하러 양복 차려 입고 집에 왔는데 갑자기 목욕탕을 가라니, 얼마나 황당했겠어요. 하지만 제 사위는 군말하지 않고 갔어요. 참 착하고 좋은 사람이죠.

양정숙 님은 독하고 나쁜 엄마로 알려져 있습니다. 그만큼 김세진 군을 강하게 잘 키우셨다는 얘기지요. 그런데 왜 스스로를 '부족한 엄마'라고 하시나요.

저는 세진이한테 들어오는 후원을 거의 받지 않았어요. 세진이에게 좀 특별한 사연이 있어서 후원하는 거라고 생각했거든요. 정말 순수한 마음으로 도우려고 하는 사람들도 있었는데 말이죠. 무조건 거절할 게 아니라 받을 것, 안 받을 것을 구분해서 도움을 좀 받았더라면 세진이가 덜 고생하지 않았을까 후회될 때가 있어요. 그때 당시에는 털어도 먼지가 안 나오도록 하는 것만 생각했거든요. 혹시라도 나중에 아이에게 문제가

될까 봐요. 닦아서 빛나지 않는 사람은 없는데 말이죠. 또 제가
의족에 대한 지식이 없어서 사기를 두 번 당하는 바람에 아이
를 너무 고생시켰어요. 그래서 '내가 의족에 대해 좀더 빨리 알
았더라면 세진이가 고생 안 하고 빨리 설 수 있었을 텐데. 똑똑
한 엄마 만났으면 다른 방법으로도 얼마든지 잘 살 수 있었을
텐데. 코치한테 매일 맞고 피눈물 흘려가며 수영하지 않아도
됐을 텐데' 하고 항상 생각하죠. 저는 아직도 부족한 엄마예요.

강서구 특수학교 설립을 둘러싼 갈등이 최근 큰 이슈입니다.
장애아동을 키우는 부모님들께 드리고 싶은 말씀이 있으시다
면요.

일단은 앞서가는 사람이 아니라 함께 가는 사람이 돼야
한다는 거예요. 장애인시설을 반대하는 어머니들을 전혀 이해
하지 못하는 건 아니에요. 하지만 무조건 반대하기보다는 서로
협상해서 합의점을 찾아가면 좋겠어요. 장애아동의 어머니들
도 학교를 짓기 위해 무릎까지 꿇을 필요는 없다고 생각합니
다. 일반학교도 장애아동을 위해 시설이나 프로그램 등을 조금
만 준비하고 학부모님들이 조금만 양보해주시면 장애아동이
얼마든지 다닐 수 있거든요. 큰돈 들여 특수학교를 짓지 않아
도 된다는 말입니다. 우리 국민과 국가가 장애아동이 일반학교
를 평범하게 다닐 수 있는 방법을 더 찾아볼 필요가 있다고 생
각합니다. 그리고 지금과 같은 갈등이 있을 때는 지자체와 교

육기관 그리고 전문가가 개입해 중재해야 합니다. 부디 장애아동을 양육한다는 죄로 무릎까지 꿇지는 마세요. 보는 제 마음이 너무 아픕니다.

가끔 장애아동 키우는 어머니 중 저를 미워하시는 분들이 계세요. "우리도 똑같이 열심히 하는 것 같은데 왜 세진이만 잘돼? 왜 저 여자만 대단한 사람처럼 대해?" 하고 비교하시는 거예요. 그리고 오히려 본인보다두 남편과 시부모가 "저 여자 좀 봐라. 너는 내가(아들이) 돈도 벌어주는데 왜 저렇게 못하냐" 하고 비교하며 상처를 줍니다. 그런 분들은 제가 나오는 방송을 일부러 안 보세요. 참 안타까운 일이죠. 장애아동을 양육하는 어머니들은 항상 누가 심장을 쥐어짜는 듯한 답답함을 안고 살고 있어요. 누구도 그 심정을 완전히 위로해줄 수 없습니다. 장애아동을 양육하는 어머니끼리 만나도 상처만 덧날 뿐이죠. 그런데도 서로 돕지는 못할망정 비교하면서 "그래도 너는 우리보다 낫네" 하는 식이에요. 잘난 아이, 못난 아이는 없어요. 손가락 하나가 없든 팔 하나가 없든 그 자식을 바라보는 어머니의 마음은 똑같아요. 감히 제가 그런 어머니들께 해드릴 수 있는 말은 그저 울지 말라는 말밖에 없습니다. 당신이 울면 당신 아이가 더 울면서 살아요. 그러니 울지 마세요. 당신은 눈물을 흘려보내는 거지만 그걸 보는 자식은 용기를 흘려보냅니다.

2018년 평창 동계올림픽 성화봉송에
참가한 로봇다리 김세진 군.
그의 힘찬 발걸음에서 어머니 양정숙이 그에게
쏟았을 사랑이 느껴진다.

hotm**

저의 아들도 다리 때문에 힘들게 크고 있고 저 역시 수술할 병증으로 장애가 심각해지고 있어 살아가는 게 너무 고통스럽고 힘듭니다. 평소 아들에게 많은 힘과 도움을 주지 못해 힘들게 지내는 중인데 세진 어머니를 보니 제가 좀더 용기와 힘을 내어야겠다고 다짐하게 됩니다. 많은 걸 배우게 해주셔서 감사합니다!

yeaw**

몇 십분 동안 곱씹으며 단단하게 읽었습니다. 느끼는 게 참 많네요. 정말 아름답고 멋진 가족입니다. 열심히 살아오셨을 뿐인데 그 삶이 다른 이들에게 큰 용기와 희망을 준다는 점이 감명 깊네요. 앞으로도 행복하시길 바랍니다.

sanx**

이분을 초청해 강연을 들은 적이 있었는데 사랑과 행복이 가득 담긴 강연이었습니다. 그 마음으로 세진 군을 바라보게 되었네요. 명장 밑에 약졸 없다고. 사랑의 어머니에 사랑의 아들이었습니다. 그 사랑 다시 되새겨봅니다.

차인표는 변신 중이다. 2017년 초 영화제작사를 차리고 7월에는 단편영화 「50」의 감독으로 부천국제판타스틱영화제(BIFAN)에, 10월에는 런던아시아영화제(LEAFF)에 참석했다. 부산국제영화제(BIFF)에는 또 다른 영화 「헤븐퀘스트」의 제작자로 참석했다. 그는 레드카펫이 아닌 아시안 필름 마켓, 그것도 가장 작은 부스 안에 있었다. 차인표는 화려한 배우가 아닌 제작자의 길을 묵묵히 걷고 있다.

배우의 변신은 무죄

차인표
배우, 영화제작자

'해보는 삶'을 살기 위해

20여 년 전 MBC 드라마 「하얀 여로」를 본 기억이 납니다. 미군이 된 입양아가 한국에 근무하면서 낳아준 부모님을 찾는 여정을 그린 드라마였지요. 주인공은 신인 배우였는데 그의 눈빛이 참 인상 깊었습니다. 인터뷰를 위해 만난 배우 차인표 님은 신인 시절의 눈빛을 고스란히 간직하고 있었습니다. 항상 낮은 자리에서 섬기며 선하게 살고 싶다는 그의 삶은 이미 '진실'과 '겸손'으로 가득했습니다. 인터뷰를 마치고 돌아오는 길 내내 시공간을 초월한 듯한 신기함을 느꼈습니다. 기분이 참 좋았습니다.

배우에서 감독·제작자로 변신한 차인표.
할리우드에서 데뷔할 수 있는 기회를 포기하고
새롭게 시작한 감독과 제작자로서의 삶을 통해
그는 우리에게 무엇을 보여줄까.
선한 메시지를 담은 영화를 만들고 싶다는 그의 바람이
어떤 결과를 낳을지 기대된다.

드라마 종영 후 가족을 만나러 미국으로 갔습니다. 거기서 리키 김이라는 후배 배우를 만났는데, 그 친구가 저에게 킹스트릿 픽처스의 댄 마크(Dan Mark) 대표를 소개해줬어요. 마크 대표는 저와 비슷한 생각을 품고 영화를 제작하는 분이었어요. 세기 2017년 초 한국에 TKC 픽처스라는 영화사를 차렸거든요. 그래서 킹스트릿 픽처스와 TKC 픽처스가 합작으로 영화 「헤븐퀘스트」를 제작했습니다. 이 작품은 사실 맷 빌렌(Matt Bilen) 감독이 3~4년 전부터 준비해왔는데 금전적인 문제로 제작하지 못하고 있던 작품입니다. 그래서 저를 포함한 모든 배우가 원래 출연료의 10분의 1도 받지 않고 재능기부를 했어요. 7월엔 본 촬영, 9월엔 보충 촬영까지 마쳤고 지금은 그래픽을 다듬거나 좀더 재미있게 편집하는 등 후반 작업을 하고 있습니다.

빌렌 감독은 어떤 분인가요.

빌렌 감독은 저와 통하는 게 많은 분입니다. 원래 직업은 고등학교 교사로 세 자녀를 키우고 있는데, 모두 입양아에요. 첫째는 한국 아이, 둘째는 필리핀 아이, 셋째는 에티오피아 아이입니다. 저와 제 아내도 두 딸을 입양했잖아요. 그런데 한국 아이가 부모님이 자신을 버렸다는 사실에 상처받아 많이 반항

한다고 하더군요. 그래서 그 아이가 뿌리를 찾을 수 있도록 아이의 고향, 부산을 보여주는 것이 빌렌 감독의 소망이래요. 저도 입양아를 키우는 처지에서 만약 「헤븐퀘스트」를 부산에서 상영하게 되면 꼭 그 아이를 데려오라고 말했어요.

「헤븐퀘스트」를 간단히 소개해주세요.

　「헤븐퀘스트」는『천로역정』에서 영감을 얻어 만든 영화입니다. 빌렌 감독은 세 아이를 키우며 항상 밤에 동화책을 읽어주는데 하루는『천로역정』을 읽어줬다고 합니다. 그런데 아이들이 지루해할까 봐 액션판타지 소설처럼 각색해서 얘기해줬다고 하더군요. 그게 이 영화의 시나리오가 된 거지요.『천로역정』은 주인공 크리스천이 등에 무거운 짐을 지고 하늘의 도시에 당도하는 여정을 그린 소설이에요. 삶이라는 여정에서 온갖 역경을 겪는 인간이 구원받는 길은 결국 하나님한테 돌아가는 것이라는 메시지를 담고 있습니다. 영화에서는 이 내용을 주인공 벤젤이 남쪽 왕국에서 북쪽 왕국으로 가는 여정으로 각색했고 액션판타지 요소를 더했습니다. 꼭 신앙만을 강조하기보다는 많은 사람이 봐주기를 원하니까요.

영화사를 직접 차리고 제작자가 된 계기가 뭔가요.

　우리나라는 상업영화가 많이 발달해서 제작비도 커지고, 종사자도 많아졌어요. 하지만 어느 순간부터 저는 상업영화가 아니라 온 가족이 볼 수 있는, 선한 메시지를 담고 있는 영화를 만들고 싶어졌습니다. 우리나라의 영화시장은 거대한 자본이 들어와서 대규모로 제작하고 큰 배급사에서 배급하는 구조이기 때문에 다양한 수준의 영화를 만들지 못해요. 만든다고 하더라도 상영할 장소를 구하기도 어렵고, 상영해도 관객이 너무 적죠. 그런 부분을 고민하다가 미국 시장을 조사해봤는데 미국은 2005년 즈음 부터 가족 영화, 선한 메시지를 담고 있는 영화 그리고 믿음을 바탕으로 한 영화가 시장을 형성해 10여 년 동안 매우 많이 발달했어요. 그래서 그런 영화를 만들고 싶으면 시장이 아예 없는 한국에서 만들 게 아니라 미국에서 만들고 상영해 제작비를 회수하는 방식으로 발판을 만든 다음 한국에 가져와 상영해야겠다고 생각했죠.

배우와 제작자의 관점은 어떻게 다르던가요.

제가 이 영화에 제작자로 참여하면서 결심한 건 '낮아지자. 섬기자'이 한 가지에요. 독립영화를 만들려고 모인 30~40명의 스태프와 배우를 보면서 이런 생각이 들더군요. '내가 한국에서 좀 알려진 배우라고 오만을 떨거나 건방지게 굴면 나뿐만 아니라 한국사람 전체에 대한 이미지가 나빠질 수도 있다.' 또 제작자로서 이 사람들을 챙기는 것이 제 의무니까 영화의 성공이 아니라 섬기는 데 목적을 두자고 결심했어요. 선한 메시지를 전달하기 위해 만드는 영화인데 그 과정에서 누구에게 상처를 주거나 깔아뭉갠다면 그만한 모순이 어디 있겠습니까. 과정이 선하지 못하면 결과도 선할 수 없어요. 그걸 초심으로 삼고 스태프들을 최대한 낮은 자세로 섬기려고 노력했어요. 워낙 저예산영화다 보니 개인 돈도 많이 썼고요. 한번은 7월에 미국 캘리포니아 북부에 있는 레딩(Redding)이라는 지역으로 촬영을 갔습니다. 많은 엑스트라가 필요한 장면이 있었는데 벧엘교회에서 온 청년들이 자원봉사를 왔어요. 그 지역이 여름에 45도까지 올라가는 아주 더운 지역인데, 하루 종일 갑옷 입고 투구 쓴 채로 뛰어다니면서 촬영했어요. 자원봉사를 하겠다고 온 친구들이지만 그렇게 고생시키고 그냥 보낼 수가 없는 거예요. 그래서 제 사비로 100달러씩 쥐어줬죠. 제작자가 안 주면 그 돈을 누가 주겠어요. 촬영하다가 너무 힘들면 스태프들 모두 모아서 맛있는 거 사주기도 하고요. 사실 미국에는 그런 문화가 없잖아요. 제가 느낀 건 인종이 다르고 문화가 달라도 진심으로 대하면 결국 통한다는 거예요. 그래서 그 한 달 동안 정말 힘들었지만 너무 행복했어요.

제작자로서 부산국제영화제에 참석하신 소감이 어떤가요.

저는 지금까지 부산국제영화제에 세 번 참석했습니다. 2006년에는 폐막식 사회자로 참석해 저는 턱시도, 아내는 드레스를 입고 레드카펫을 걸었어요. 2013년에는 임권택 감독님 특별전 사회자로 왔고요. 과거의 저는 화려함 속에만 있었던 겁니다. 그런데 이번에는 제작자로 왔잖아요. 어젯밤 텅 빈 부스에 와봤더니 자원봉사를 하러 온 청년들이 헐레벌떡 뛰어다니면서 열심히 일하고 있더라고요. 그런 모습을 보면서 '그 동안 이런 사람들 덕분에 배우들이 레드카펫을 걸을 수 있었던 거구나' 하는 생각이 들었어요. 저는 이때까지 부산국제영화제의 화려한 모습만 봤지 무대 뒤에서 열심히 일하는 수많은 사람은 보지 못했던 거예요. 그래서 이번에는 여기서 많은 것을 배워갈 수 있을 것 같습니다.

부스에서 상담도 많이 하셨나요.

저는 영화를 팔기보다는 알리려고 왔어요. 그래서 영화를 팔기 위한 상담보다는 앞으로 만들 영화에 대한 자문을 많이 구했죠. 이렇게 부스를 차려놓으면 호스트들이 와서 보잖아요. 그분들은 다 영화계에 종사하시는 분들이거나 영화 전문 기자세요. 그러니까 이미 알리려는 목적은 달성한 것 같아요.

7월엔 「50」의 감독으로 부천국제판타스틱영화제에 참석하셨지요.

사실 저는 중학생 때부터 감독이 꿈이었습니다. 당시 영화 「ET」를 보는데, 어린 제 마음에 위안이 되더라고요. 저도 그런 영화를 만드는 감독이 되고 싶었어요. 그리고 거의 40년이 지나서야 그 꿈을 이뤘습니다. 새롭게 시작할 때 주변 사람들이 이렇게 얘기하잖아요. "그거 그렇게 쉽지 않아. 네가 생각하는 것처럼 간단하지 않아." 근데 사실 다 해볼 만한 일이거든요. 해보기 전에는 모르는 거예요. 제가 시나리오를 직접 쓰고 연출한 「50」으로 부천국제판타스틱영화제에 참석했더니 사람들이 감독님이라고 부르더군요. 단편영화를 제작하면서 한 번도 제가 감독이라고 생각해본 적이 없거든요. 20여 년 동안 남의 작품에 배우로 출연하면서 '나도 해보고 싶어. 나도 잘할 수 있을 것 같은데'라는 생각만 하고 주저하다가 첫발을 떼기까지 너무 오래 걸렸어요.

저는 절대 늦은 나이라고 생각하지 않습니다. 오히려 배우로서 촬영현장을 충분히 경험하고 감독으로 데뷔하셨으니 시행착오를 줄일 수 있잖아요.

그렇게 말씀해주시는 분은 처음입니다. (웃음) 다들 제가 감독을 한다고 하면 왜 이제 와서 그러느냐고 우려했거든요. 사실 「50」은 런던아시아영화제에도 초청받았어요. 이건 제가 감독으로서 잘나간다고 말씀드리는 게 아닙니다. 시도했더니 결과가 나타났다는 점을 말씀드리는 거예요. 그래서 저는 젊은 친구들한테 하고 싶은 일이 있으면 주저하지 말고 계획을 잘 세워서 도전하라고 말하고 싶어요. 결국 우리의 인생은 해봤느냐 안 해봤느냐로 나뉘거든요. 해보는 삶을 살아야 해요.

배우가 꽃이라면 감독은 그 꽃을 심는 사람이고 제작자는 그 꽃을 고르는 사람이라고 생각해요. 모두 각각의 특성과 장점이 있기 때문에 저는 계속 세 직업을 병행하고 싶어요. 사실 제가 이런 마음을 품게 된 이유는 미국에서 2017년 3월 개봉한 할리우드 영화 「라이프」(Life) 때문이에요. 제작사에서 저한테 오디션을 보러 와달라는 이메일을 보냈고 오디션을 두세 번 본 후에는 제작자뿐만 아니라 크리에이티브 디렉터와도 인터뷰했어요. 할리우드 문턱 앞까지 간 거죠. 그 앞에서 나이 50에 20여 년 동안 배우생활을 해온 제가 덜덜 떨고 있더라고요. 그러다 문득 이런 생각이 들었습니다. '그다지 나랑 맞는 영화도 아니고 하고 싶었던 영화도 아닌데 단지 할리우드 블록버스터라는 이유 때문에 이렇게 떠는 게 정상인가? 이러지 말자. 솔직해지자. 정말 하고 싶은 걸 하자.' 그렇게 손을 놓으니까 너무 행복하더라고요. 그 손으로 다른 걸 잡을 수 있으니까요.

저는 한 분만 스승으로 삼기보다 상황에 따라 때로는 선배에게, 때로는 후배나 동료에게 배웠습니다. 지금 기억나는 것은 2009년 KBS 사극드라마 「명가」를 촬영하면서 배우 최일화 선배와 나눴던 대화입니다. 최일화 선배는 제 아버지 역할을 맡았는데, 좁은 분장실에서 둘이 마주 앉은 적이 있습니다. 사극이라 얼굴에 붙인 가짜 수염이 얼마나 가렵던지요. 그런데 최일화 선배는 하나도 안 가려운 듯, 의연하게 앉아 있길래 제가 물었습니다.

"선배님은 수염 분장이 가렵지 않으세요?" "가렵지, 많이 가려워." "근데 어떻게 안 가려운 것처럼 의연하게 앉아 계세요?" "그냥 가려울 때마다, '더 가려워 봐라, 더 가려워 봐라' 하고 마음속으로 되뇌며 참는 거야."

그때 다시 한번 깨달았습니다. 배우는 어쩌면 참는 직업이라는 것을요. 무명 시절을 참아야 하고, 긴 대기시간을 참아야 하고, 때로는 추위를, 때로는 더위를, 때로는 쏟아지는 잠을 참아야 하고, 가려운 가짜 수염도 참아야 하다는 것을요. 똑같이 가려운데 티 안 내고 참는 최일화 선배를 보면서 배우로서의 초심을 다잡았습니다.

2011년 출간하신 소설 『오늘예보』를 감명 깊게 읽었습니다. 책을 쓰게 된 계기는 뭔가요.

1998년 MBC 드라마 「그대 그리고 나」를 촬영하던 시절 자전거를 샀습니다. 자전거를 타고 집에서 여의도까지 갔다 오면서 힘없이 앉아 있거나 울고 있는 사람들을 많이 봤어요. IMF가 터진 직후 많은 가장이 거리로 내몰렸을 때였거든

244

요. 집에 와서 생각해보니 왜 그분들께 힘내라는 말 한마디 해 주지 못했는지, 피로회복제라도 한 병 사주지 못했는지 후회되 더라고요. 항상 살아오면서 매일 많은 사람을 그냥 스쳐 보내 고 있다는 생각이 들었어요. 그런 분들께 미안한 마음을 담아 글을 쓰기 시작했습니다. 그러던 중 후배 연예인이 스스로 목 숨을 끊었다는 소식을 들었어요. 우리나라는 자살률이 매우 높 은 편이잖아요. 그래서 인간의 삶이 얼마나 소중한 것인지 소 설을 통해 전하고 싶었어요. 그 전에는 위안부 할머니들의 이 야기를 다룬 『잘 가요 언덕』을 썼는데요, 최근 영화 판권이 팔 려 '팬 엔터테인먼트'에서 영화화 중입니다.

정말 다양한 활동을 하고 계신데요, 앞으로의 계획은 뭔가요.

일단 내년 여름에 「헤븐퀘스트 2」를 찍을 계획입니다. 또 컴패션을 설립한 스완슨 목사님의 일대기를 그린 영화를 만들 고 싶어요. 확실히 제작한다고 말씀 못 드리는 이유는 지금 스 완슨 목사님의 유족분들께 허락을 구하고 있기 때문이에요. 스 완슨 목사님는 1952년 한국에서 전쟁으로 죽어가는 고아들 을 살리기 위해 컴패션을 만드셨습니다. 스완슨 목사님이 고 아들한테 내민 하나의 손이 지금은 수백만 개의 손이 됐어요. 저는 영화를 통해 이처럼 단 하나의 손이 당장은 아니더라도 50~60년이 지나면 긍정적인 변화를 일으킬 수 있다는 메시지 를 전달하고 싶어요. 사실 이렇게 훌륭한 분의 이야기가 왜 여

태 영화로 만들어지지 않았는지 의문이었어요. 생각해보니 금전적인 문제가 걸리더라고요. 그래서 저는 돈에 대한 욕심을 버렸습니다. 만약 영화가 잘 되더라도 모든 이익은 컴패션에 기부할 생각이에요. 누가 그런 얘기를 했어요. 인생의 문이 하나 닫히면 다른 문이 열린다고요. 돈에 대한 욕심을 버리니까 제가 할 수 있는 일들이 많아지더군요.

컴패션 홍보대사가 신애라 님이죠. 부인 신애라 님은 어떤 존재인가요.

저는 내성적이고 제 아내는 외향적입니다. 저는 사람 많은 곳에 가거나 말을 많이 하면 정신이 없어지고 기를 빼앗기는데, 제 아내는 사람을 많이 만나고 대화를 많이 해야 에너지를 얻습니다. 한마디로 아내는 저와 정반대의 성격이죠. 그러니 어찌 안 좋을 수 있겠습니까? 제가 못 갖춘 것, 저한테 없는 걸 제 아내가 다 갖추고 있으니 저한테 있는 것과 다름이 없죠. 부부는 일심동체이자, 둘이 하나로 변한 주체니까요. 또 저는 아내에게 좋은 영향을 많이 받았습니다. 입양도 결혼하기 전에 아내가 꺼낸 얘기고요. 아내는 입양하기 전 약 2년 동안 매주 대한사회복지회에 갔습니다. 아기에게 밥 주고, 기저귀 갈아주고, 안아주는 봉사활동을 한 후 입양했죠. 첫째 딸 예은이의 입양이 우리 가정에게 주는 행복이 너무나 컸기에, 아내가 둘째 딸 예진이를 또 입양하자고 했을 때 저는 무조건 동의했어요.

입대도 당시 교재 중이던 아내가 좋은 영향을 미친 사례입니다. 1994년 「사랑을 그대 품안에」로 스타가 된 저는 입대할지 미국으로 돌아갈지 결정해야 했습니다. 제 삶에서 가장 중요한 두 여인, 제 어머니와 아내 모두 군대를 잘 다녀오라고 응원해 줬어요. 지금 생각해도 참 고맙습니다.

신애라 님은 지금 미국에 계시지요.

사정을 잘 모르는 분들이 보기엔 아이들 뒷바라지하려고 간 것이라고 생각할 수도 있습니다. 하지만 아내는 본인의 의지로 공부하기 위해 미국에 갔습니다. 그 덕에 엄마를 따라간 아이들이 미국에서 공부하고 있는 거죠. 아내는 40대 중반이라는 늦은 나이에 가정사역을 공부하기 시작했고, 약 1년 후면 박사학위를 취득해 귀국할 겁니다. 어찌 보면 화려하고, 쉽게 돈 벌 수 있는 배우의 길을 잠시 접어두고 만학(晩學)을 위해 큰 결정을 한 아내가 자랑스럽고 존경스러워요.

좋은 부인과 예쁜 자녀가 있고, 감독이라는 꿈까지 이루셨으니 매우 행복한 삶을 살고 계신 것 같은데요. 살면서 가장 힘들었던 적은 언제인가요.

가장 힘든 건 아무래도 이별이 아닐까 싶습니다. 특히 사별이 힘들죠. 2013년 10월, 제 동생이 세상을 떠났습니다. 살려보려고 온 가족이 달려들어 노력했는데, 보내고 나니 많이 허망했습니다. 생각해보니 제가 온전히 동생을 위해 해준 게 아무것도 없더군요. 좀더 잘해줄 걸, 좀더 사랑해줄 걸 하는 아쉬움이 큽니다. 자식 잃은 부모님의 아픔을 보는 것도 만만치 않게 힘들더군요. 하나님을 믿는 사람으로서 천국에서 다시 만날 거라는 소망을 품고 살아가지만 마음이 아픈 건 어쩔 수 없는 것 같아요. 하지만 동생이 남기고 간 조카와 미망인이 있고, 가족이 있고, 사람 사는 세상이 있기에, 저 역시 부르심을 받는 그날까지 굳건히 잘 살아갈 생각입니다.

100세 시대에서 이제 딱 절반을 지나셨습니다. 잘 산다는 건 뭘까요.

인간의 삶에는 오늘이 있습니다. 그리고 오늘과 20년 후의 오늘을 저울에 달아보면 그 무게는 같다고 생각해요. 하루에 주어진 시간이 한정돼 있으니까요. 그래서 미래만 바라보고 행복을 쫓기보다는 오늘 하루를 잘 살고 행복하게 사는 게 중요해요. 그러기 위해선 매 순간순간 만나는 사람한테 최선을 다하고 진실을 말해야 하며 과장하지 말아야 합니다. 그렇게 지금 이 순간을 행복하게 살아야 행복한 사람이 될 수 있다고 생각해요. 한 가지 더 말씀드리자면 사실 오늘이 제 생일입니다. 50년을 살아보니 알게 된 것인데, 사람이 늙을수록 평소에 생각하는 게 표정이나 행동으로 다 나타나더라고요. 젊었을 때는 그런 걸 가릴 수가 있는데 젊음이라는 장막이 벗겨지면 자기의 어젠다나 생각이 눈빛과 말 그리고 표정을 통해서 드러나요. 저는 좋은 것만 보여드릴 수 있도록 노력할 겁니다. 그게 50번째 생일을 맞은 저의 각오에요. 선한 사람이 되겠다는 마음으로 살아가려고요. 그리고 제가 하는 일들을 통해서 세상을 위로하고 싶어요.

런던아시아영화제에 「50」의 감독으로 참석한 차인표.
감독이자 제작자로 변신을 시도한 2017년,
그는 50번째 생일을 맞으며
남은 삶을 통해 선한 메시지를 전하고 싶다는
각오를 다졌다.

inna**

새롭게 시작하는 시기인데, 참 좋은 마음을 얻은 기분입니다. 정말 감사합니다. 저도 제 위치에서 할 수 있는 좋은 일, 선한 일을 겸손하게 하고 싶습니다. 항상 모범이 되는 삶을 산교 계시는 차인표 님, 신애라 님 정말 감사합니다 덕분에 따뜻한 온기가 전해져 마음이 덜 아픈 세상이 되어가고 있습니다. 충분히 위로가 됩니다. 고맙습니다.

513m**

차인표 님, 신애라 님 두 분의 삶을 진심으로 응원하며 존경합니다. 오늘 인터뷰를 읽고 크게 감동했습니다. 좋은 영화 많이 만드시고 전하고자 하시는 메시지가 많은 사람을 일깨워주길 저도 멀리서 기도하겠습니다.

binl**

마음에 힘을 얻고 갑니다.

2017년은 박태환에게 특별한 해다. 전국체전에서 5관왕에 등극, MVP로 선정됐기 때문이다. 2014년 도핑 사건 이후로 긴 공백기를 가졌지만, 그는 아직 건재하다. 그간의 우여곡절이 박태환을 더 단단하게 만들었다. 그는 2018년 8월 열리는 자카르타-팔렘방 아시안게임을 목표로 훈련 중이다.

청년이 된 마린보이

박태환
수영선수

노력한 만큼 할 수 있다

포털사이트 '네이버'에 '박태환'을 검색하면 '올림픽 영웅, 마린보이'라고 나옵니다. 그 호칭의 무게는 상상 이상이었을 것입니다. 영광의 찬란함만큼 시련의 어둠도 깊었을 테죠. 그 시기를 잘 견딘 박태환 님은 2017년 전국체전에서 5관왕에 등극하고 MVP로 선정됐습니다. 어느덧 그는 겸손과 배려, 성숙함 그리고 강한 눈빛을 갖춘 청년이 되어 있었습니다. 2017 아레나 전국 마스터즈 수영대회를 맞아 인천 문학박태환수영장을 찾은 수영 꿈나무들에게 정성껏 사인해주며 활짝 웃는 박태환 님의 모습에서 어린 시절 그의 모습을 보았습니다. 그의 얼굴에서 자신감과 성숙함이 느껴져 '참 다행이다' 싶었습니다.

2017년 전국체전 5관왕, MVP로 돌아온 박태환.
도핑사건으로 많은 것을 배웠다는 그는
2018년 자카르타-팔렘방 아시안게임에서
개인 최고기록 세우겠다는 목표를 이루기 위해
훈련에 전념하고 있다.

2017년 전국체전의 MVP로 선정되신 것을 축하드립니다. 5관왕이신데, 몇 번째이지요.

2006년, 2007년, 2008년 그리고 올해 5관왕을 했으니 네 번째입니다. MVP 수상은 다섯 번째이고요. 전국체전에서 처음으로 우승했을 때는 고등학생이었어요. 그때는 떠오르는 샛별이라 매우 설렜습니다. 지금은 수영을 오래 해서 설레는 감정보다는 감사한 마음이 더 큽니다. 아직 5관왕을 할 수 있다는 것 자체가 뜻깊은 것 같아요. 사실 7월 헝가리 부다페스트에서 열린 국제수영연맹(FINA) 세계선수권 이후 계속 쉰 탓에 이번 전국체전에서의 개인기록은 저조했어요. 하지만 훌륭한 동료들과 함께하며 의미 있는 시간을 보냈습니다. 선수로 뛰는 한 계속 전국체전에 출전하고 싶어요.

2014년 도핑 사건 이후 가진 긴 공백기에 대한 심경은 어떠신가요.

많은 사건이 있었지만, 도핑 사건은 제 인생에서 제일 후회되는 순간입니다. 공백기는 기억하고 싶지 않을 정도로 힘든 시기였어요. 하지만 그때의 일들을 통해서 많은 것을 배웠고 반성했습니다. 그 사건 전으로 다시 돌아간다면 그런 일이 일어나지 않도록 많은 것을 생각하고 검토하고 확인하며, 인간관계도 매우 신중하게 맺을 겁니다. 아직도 많이 어리지만, 도핑 사건 이후로 많은 것을 깨달았고 배웠어요.

인간관계란 뭘까요.

인간관계는 인생에서 '길'인 것 같아요. 제가 가는 길 속에서 계속 배워나가고 경험해야 하는 것이니까요. 인간관계는 어떤 일을 하든 절대 피할 수 없고 항상 부딪쳐야 하는 거잖아요. 인간관계는 죽을 때까지 배워야 하는 것 같아요. 완벽한 사람은 없으니까요.

2016년 리우데자네이루 올림픽에 참가할 때는 각오가 남달랐을 것 같아요.

네, 힘든 점이 매우 많았어요. 이후에도 파장이 커서 매우 시끄러웠고요. 사실 그때는 훈련에만 집중하면서 지내고 싶었어요. 올림픽에 나가게 된다면 정말 잘하고 싶은 마음뿐이었습니다.

내면이 한층 더 단단해지고 성숙해진 것 같습니다.

그동안 열심히 준비해서 인생의 목표를 하나씩 이루어냈지만 응원해주신 분들께 실망감을 안겨드렸던 안 좋은 일들도 겪었습니다. 그 경험 하나하나에서 느꼈던 것과 깨달은 것이 지금의 저를 만들어준 것 같습니다.

박태환 님의 SNS에 올라와 있는 사진 중 모자를 쓴 사람의 그림자가 그려진 미술작품 앞에 서 있는 사진이 인상적이었습니다. 그 작품을 보며 어떤 느낌이 들었나요.

그 작품을 보면서 많은 생각을 했습니다. 특히 저의 지난 모습들이 자연스럽게 떠올랐어요. 그러면서 자신감도 느껴졌지만 외로움과 쓸쓸함도 함께 느껴졌죠. '혼자'라는 단어가 가슴에 매우 와닿는 작품이었습니다. 어릴 때부터 많이 촉망받았고 어깨에 무거운 짐을 지고 살아왔기 때문에 더 그런 감정을 느낀 게 아닌가 싶어요.

리더는 항상 고독한 법이지요. 대한민국을 대표하는 수영선수로서 박태환 님은 분명 우리 사회의 한 부분을 이끈 진정한 리더입니다. 리더가 지녀야 할 자질과 의무는 무엇이라고 생각하시나요.

리더는 먼저 타인을 존중하고, 상대방의 이야기에 귀 기울일 줄 알며, 소통을 많이 해야 합니다. 또 힘들어도 끝까지 인내하며 기다릴 줄 알아야 한다고 생각합니다.

박태환 님의 이력을 보면 성공과 실패가 반복해서 등장합니다. 그 경험들이 어떤 영향을 미쳤나요.

실패했을 때도 있었지만, 그 실패를 토대로 부족한 부분은 연습을 통해 보완하려고 노력했습니다. 생애 첫 올림픽이었던 2004년 아테네 올림픽에서 부정 출발로 실격당해 제 실력을 제대로 보여주지 못했잖아요. 그 경험 때문에 스타트 연습에 매진했습니다. 수없이 연습하다 보면 반드시 어떤 결과가 나오기 마련인 것 같아요. 노력의 결실을 맛보면 성취감도 느끼고 나름대로 자신감도 상승해 더 좋은 기록을 낼 수 있었던 것 같고요. 물론 지금도 계속 도전하고 있는 과정에 있기 때문에, 지금까지 연습해왔던 부분들을 잊지 않고 앞으로도 계속해보려고 노력하는 중입니다.

박태환 님의 대표적인 수식어는 '올림픽 영웅, 마린보이'입니다. '영웅'이란 표현이 어떻게 느껴지는지요.

'영웅'이라는 호칭은 아직 제게 과분한 것 같습니다. 계속 도전하는 선수로서 더더욱 좋은 모습 보여드리려고 노력 중이고, 좋은 성적으로 선수생활 마무리할 수 있게 더 열심히 하겠습니다. 그리고 한국을 대표하는 수영선수로서 '영웅'이라는 말이 아깝지 않도록 노력하겠습니다.

인생 최고의 순간은 언제인가요.

2010년 광저우 아시안게임이 생각나네요. 아무래도 개인 최고기록을 세운 대회이다 보니까 그런 것 같습니다. 또 2008년 베이징 올림픽에서 금메달을 땄을 때는 말로 표현할 수 없을 만큼 기쁘고 벅찼습니다. 제 생에서 가장 빛난 순간이지 않았나 싶어요. 1936년 베를린 올림픽에서 일본의 데라다 노보루(寺田登, 1917~86) 선수가 자유형 1,500미터 경기에서 금메달을 딴 후 72년 만에 아시아 선수가 금메달을 딴 것이기 때문에 의미도 컸고요.

선수생활을 오래 하셨으니 지도받은 분이 많을 것 같아요. 가장 큰 영향을 준 지도자는 누구인가요.

우선 노민상 감독님은 제가 세계적인 선수로 성장할 수 있도록 초석을 놓아주신 분입니다. 이후 저를 맡아주신 마이클 볼(Michael Bohl) 코치는 저에게 호주의 선진적인 수영 기술을 가르쳐주신 고마운 분이고요. 위의 두 분을 통해 저의 체력과 정신력 그리고 선진적인 수영 기술을 습득했기 때문에 지금의 제가 있다고 생각합니다.

수영 전문가들은 박태환 님을 '하늘이 내린 천재'라고 말합니다. 부모님이 물려주신 부분이 크다고 하던데요.

색소폰 연주자이신 아버지의 폐활량과 무용가이신 어머니의 유연성을 물려받았습니다. 부모님께 좋은 부분들을 물려받아 감사하게 생각합니다. 무엇보다 수영의 문을 열어주시고 이런 길을 갈 수 있게 해주신 것은 부모님과 저 모두에게 운명이었다고 생각해요. 부모님 외에도 저를 좋은 길로 인도해주신 많은 분이 계시죠. 제가 운이 좋았던 것 같아요.

박태환 님에게 가족은 어떤 의미인가요.

가족은 저의 '인생'입니다. 절대 떨어질 수 없는, 항상 같이 살아가는 존재니까요. 부모님은 약한 듯하다가도 매우 강한 분이신 것 같아요. 힘들었던 날들이 매우 많았지만, 부모님은 항상 긍정적으로 생각하시고 이겨내셨습니다. 덕분에 저도 그런 긍정적인 점들을 보고 배우면서 선수로서도 도움을 많이 받은 것 같아요.

가족만큼 중요한 존재가 친구인데요. 지금 생각나는 친구가 있다면요.

저에게 친구란 옆에서, 때론 뒤에서 묵묵히 응원해주고 지켜봐주는 사람입니다. 한 명을 꼽기엔 힘들지만, 유치원 다닐 때부터 친구였던 정성배가 생각나네요. 성배와는 한동네에서 살다 보니 피자도 매일 같이 먹으러 가고, 어머니끼리 아시는 사이라 가족 모임도 자주 열었어요. 제가 잘할 때나 못할 때나 항상 옆에 있어준 고마운 친구입니다.

일과 중 가장 편안한 시간은 언제인가요.

저는 운동선수이다 보니 쉴 때가 가장 편합니다. 집에 있으면 거의 먹고 자고 뒹굴어요. 그리고 영화 보는 걸 좋아합니다. 가장 최근에 본 영화는 「범죄도시」에요. 또 먹는 걸 좋아하다 보니 요리도 좋아해요.

세계대회에서 만난 선수 중 특별히 기억에 남는 선수가 있
나요.

세계대회에서 만나는 선수들은 정말 손으로 헤아리기 힘
들 정도로 많습니다. 제가 선수생활을 짧게 한 것이 아니기에
저의 우상이었던 선수들부터 혜성처럼 등장한 신예선수들까
지, 정말 너무나 많은 선수를 세계대회에서 만나고 우정을 쌓
아왔습니다. 한 명만 언급하기에는 저에게는 특별한 선수들이
많아요. 제 기사를 그 친구들이 다 보진 않겠지만, 그래도 한
명만 언급하기에는 미안하네요. (웃음)

미국의 케일럽 드레슬(Caeleb Dressel) 선수가 제2의 마이클 펠
프스(Michael Phelps) 선수로 떠올랐습니다. 차세대 강자들을
보면 어떤 생각이 드나요.

이번에 드레슬 선수가 경기하는 걸 봤는데 힘도 좋고 몸
의 탄력도 좋은 선수라 많이 놀랐습니다. 다른 선수들도 잘했
지만 드레슬 선수의 경기가 가장 인상 깊었어요. 그런 선수들
을 보며 저도 더 열심히 준비해서 그 선수들과 좋은 경기를 펼
칠 수 있도록 노력해야겠다는 생각을 합니다. '나도 할 수 있
다'는 자신감을 잃지 말아야겠다 생각했어요.

오늘 열린 2017 아레나 전국 마스터즈 수영대회에 수영 꿈나
무들이 많이 왔는데요. 박태환 님을 보고 꿈을 키우고 있는 후

배들에게 한 말씀 부탁드립니다.

'누구든 할 수 있다'는 말이 있습니다. 하지만 더 현실적이고 냉정하게 말한다면, '성취'는 자기 자신이 얼마만큼 노력하는지에 달렸습니다. 얼마나 고통을 이겨내고 인내하는지에 따라 성적과 결과가 달라진다는 것을 본인이 느끼고 깨달아야 합니다. 그래야 발전할 수 있고 앞으로 나아갈 수 있어요. 좌절하지 말고 포기하지 않고 열심히 하다 보면 언젠간 본인의 목표에 도달할 수 있을 거예요.

한국 수영이 발전하기 위해서는 어떻게 해야 할까요.

제일 중요한 건 선수 본인의 노력입니다. 다음으로는 수영연맹에 대해서 자유롭게 표현할 수 있는 여건이 조성돼면 좋겠습니다. 무엇보다 한국 수영에 대한 여러분의 관심이 필요합니다. 한국 수영선수들이 세계를 상대로 힘을 낼 수 있도록 응원해주세요.

마지막으로 앞으로의 목표를 알려주세요.

먼저 2018년 자카르타-팔렘방 아시안게임을 열심히 준비해서 개인 최고기록을 세우고 싶어요. 그 이후의 계획은 생각해보지 않았습니다. 내년 아시안게임의 결과가 저의 선수생활을 결정지을 것 같아요. 언제 선수생활의 마침표를 찍을진 모르겠지만, 선수로 있는 한 최선을 다해 노력할 겁니다. 아시안게임이 10개월 정도 남았는데 그동안 열심히 준비해서 좋은 모습 보여드릴 테니 저뿐만 아니라 한국 수영 많이 응원해주세요.

▲ 2008년 베이징 올림픽에서 열린
 남자 400미터 자유형 결승에서 1위를 확정한
 박태환이 환호하고 있다.

▼ 2017 아레나 전국 마스터즈 수영대회에서
 수영 꿈나무들에게 사인을 해주고 있는 박태환.

isad**

세계 스포츠 전문가들에게 한국 스포츠 역사에서 가장 빛나는 업적을 딱 하나만 꼽으라고 하면 단연 박태환의 남자 자유형 세계제패를 꼽습니다. 이들 전문가 중에는 우리나라 같은 수영 불모국가에서는 박태환 같은 선수를 우리 생애 두 번 다시 볼 수 없을 거라고 말하는 사람도 많습니다. 그만큼 수영의 꽃인 자유형에서 세계제패를 하는 게 어렵다는 말입니다. 그런 위대한 업적을 박태환 선수는 동양인 최초로 이룬 것입니다.

wsal**

얼마나 외롭고 힘들게 그 어려운 훈련을 견뎌냈을까 생각하니 정말 눈물이 나네요. 박태환 선수, 이제 정말 꽃길만 걸으시길 진심으로 바랍니다.

Jaee**

「배양숙의 Q」는 『중앙일보』 기사 중 가장 재밌게 읽는 기사입니다. 이번 인터뷰에서는 박태환 선수가 혼자 그림을 보고 있는 사진을 언급하면서 박태환 선수의 감정과 생각을 자연스럽게 이끌어내는 부분이 특히 좋았습니다.

배양숙의 Q

지은이 배양숙
펴낸이 김언호
펴낸곳 (주)도서출판 한길사

등록 1976년 12월 24일 제74호
주소 10881 경기도 파주시 광인사길 37
홈페이지 www.hangilsa.co.kr
전자우편 hangilsa@hangilsa.co.kr
전화 031-955-2000~3 **팩스** 031-955-2005

부사장 박관순 **총괄이사** 김서영 **관리이사** 곽명호
영업이사 이경호 **경영이사** 김관영
편집 김광연 백은숙 노유연 김지연 김대일 김지수
관리 이중환 문주상 이희문 김선희 원선아
디자인 창포 031-955-9933
CTP 출력 및 인쇄 예림인쇄 **제본** 중앙제책

제1판 제1쇄 2018년 4월 5일

값 15,000원
ISBN 978-89-356-7053-6 03040

● 잘못 만들어진 책은 구입하신 서점에서 바꿔드립니다.

● 이 도서의 국립중앙도서관 출판시도서목록(CIP)은 서지정보유통지원시스템 홈페이지(seoji.nl.go.kr)와
국가자료공동목록시스템(www.nl.go.kr/kolisnet)에서 이용하실 수 있습니다.
(CIP제어번호: CIP2018010490)